MES AVEUX LES PLUS DOUX

www.editionsarchipel.com

Si vous souhaitez recevoir notre catalogue
et être tenu au courant de nos publications,
envoyez vos nom et adresse, en citant
ce livre, aux Éditions de l'Archipel,
34, rue des Bourdonnais 75001 Paris.
Et, pour le Canada,
à Édipresse Inc., 945, avenue Beaumont,
Montréal, Québec H3N 1W3.

ISBN 978-2-8098-1438-5

ANDRÉ ASSÉO

MES AVEUX LES PLUS DOUX

souvenirs

l'Archipel

« Je n'ai de l'esprit que dans mes souvenirs. »
Jean-Jacques Rousseau, *Les Confessions*, I, 3.

Avant-propos

Résumer un demi-siècle en quelques phrases, retrouver des visages graves ou souriants, se remémorer des mots, des accents, revoir sa vie comme un film inédit, avec la prétention de penser que l'importance de quelques dialogues offre un quelconque intérêt… telle est la démarche de la plupart des écrivains. Et, bien sûr, je vais tomber dans le piège !

Je n'attendais que cela ! Il a suffi que mon éditeur me souffle l'intérêt que mes souvenirs présenteraient pour le lecteur, et je me lançai aussitôt dans cette chasse aux événements qui ont jalonné ma vie ! Un instant de lucidité devrait me faire reculer. N'est pas Claude Lanzmann qui veut ! La Résistance, Simone de Beauvoir, la Shoah, il n'est pas question que j'aborde des sujets aussi importants. Que me reste-t-il à conter ? Des miettes !

Eh, doucement ! J'y vais un peu fort. À la réflexion, ces miettes ont nom Gary, Kessel, Brassens. Entre autres… Chacun possède son propre univers. Et celui du cantonnier peut offrir autant d'intérêt que celui de la vedette qui triomphe à l'Olympia.

Et ce n'est pas Jean-Michel Boris, qui a dirigé le célèbre music-hall, qui me contredira. Il en a vu, des pseudo-stars imbues de leur talent d'un soir qui péroraient, dans leur loge garnie de fleurs, de chocolats et de télégrammes, comme si leur talent exceptionnel leur donnait la juste vision du monde ! Il n'était pas dupe, Jean-Michel. Il avait hérité de son oncle, Bruno Coquatrix, la direction de la salle, où passaient tous ceux qui comptaient dans le monde de la chanson, en France et dans le monde. Sa gentillesse, son doigté amortissaient les caprices ou exigences parfois stupides des vedettes dont le nom scintillait sur le boulevard.

Je suis injuste en écrivant ces lignes. Lorsque Jacques Brel interpréta, en fin de récital, une chanson inconnue qui avait pour nom « Amsterdam », le public a senti un grand frisson le parcourir. Brel avait ajouté à son talent un accent particulier. Celui d'un homme qui, en quatre minutes, cassait les sacro-saintes habitudes qui régissaient le monde de la chanson. Et puis il s'en alla très loin, pour mourir du côté des Marquises, loin d'Amsterdam et de nos villes polluées par la connerie de leurs habitants. Enfin... de certains. Parce qu'en cherchant un peu on trouve des gens intelligents, astucieux, cultivés. Si j'en ai trouvé, c'est qu'il n'est pas nécessaire d'être diplômé de l'Ena pour cela. D'ailleurs, assez de dérision !

En 1999 – au siècle dernier –, j'avais publié aux éditions NiL *Souvenirs inexacts.* Depuis, les souvenirs ont grandi, de nouveaux personnages sont arrivés dans ma vie. Voici donc ces « aveux », où j'ai réuni les amis et les événements marquants qui ont jalonné mon existence.

Le théâtre a toujours été ma préoccupation principale.

Après deux années passées au Conservatoire de Nice, je « montai » à Paris afin de me présenter au Conservatoire, qui était l'antichambre de la Comédie-Française.

Après avoir échoué au bac (comme Malraux), j'allais échouer au Conservatoire (comme Jouvet). Ce qui ne m'empêcha pas d'essayer de bousculer l'ordre établi des vedettes de l'époque. Du moins je le croyais !

Dans les années 1950, j'habitais un hôtel situé rue Cardinet, à Paris. Une sorte de taudis – reconnu cependant par le ministère du Tourisme ! Ma chambre, équipée d'un lavabo, donnait sur une cour noirâtre. Une vieille armoire, tellement bancale qu'il fallait la tenir avant de l'ouvrir pour éviter de mourir étouffé dans sa chute, était le seul meuble qui garnissait ce lieu que Charlie Chaplin aurait pu choisir pour *La Ruée vers l'or*. Mais je me préparais à faire une entrée fracassante sur les scènes théâtrales de la capitale. Récompensé d'un prix au Conservatoire de Nice, je me rendis à une audition au théâtre de L'Œuvre, dirigé par Raymond Rouleau. J'avais, auparavant, déposé photos et pedigree, indispensables pour tenter une telle épreuve.

Le grand moment était arrivé. Des rêves fous hantaient mes jours et mes nuits. Je n'étais pas le seul à imaginer la gloire... Deux cent cinquante jeunes gens piétinaient dans la petite salle en attendant l'audition redoutée. Au premier rang, la chevelure gris argent de Rouleau était le point de mire de chacun. On scrutait le moindre mouvement de mèche et son éventuelle signification. Que pensait le Maître ? Que murmurait-il à son assistant ? Le régisseur de service hurlait un nom, puis un autre. La voix volontairement neutre de Rouleau mettait fin aux auditions, d'un : « Merci ! »

Le candidat comédien interrompait sa scène et rentrait en coulisses. Tristesse et dépit.

Dans ma chambre, la veille au soir, j'avais obtenu un triomphe. Je jouais Scapin et le public, debout dans la cour, ne cessait de m'ovationner. Les bravos se prolongeaient. J'eus sept ou huit rappels. Le vertige du bonheur, avant de m'effondrer sur le petit lit qui me ramenait à la réalité.

Roger Hanin, qui me donnait la réplique, me flanqua un grand coup de coude :

— C'est à nous !

Je n'avais pas entendu l'appel de mon nom. J'étais si loin, perdu dans une loge débordant de fleurs et de télégrammes.

— Alors, tu viens ?

Je suivis Roger, montai sur scène, saluai le Maître, disparus en coulisses et, tout ragaillardi, fis mon entrée en m'écriant :

— Bonjour !

Je n'eus pas le temps d'enchaîner.

— Merci ! articula Raymond Rouleau d'une voix toujours aussi monocorde.

— Comment, merci ? Je n'ai pas commencé ! m'écriai-je.

— Allez, viens ! me dit gentiment Roger.

— Vous vous foutez de moi ?

J'étais au comble de la fureur. Le régisseur me prit par le bras :

— C'est terminé, mon vieux.

Je refusais de sortir de scène. Les deux cent cinquante apprentis comédiens commencèrent à donner de la voix. Raymond Rouleau se leva et, dans un chahut indescriptible, annonça que la séance d'audition était terminée.

Une dizaine d'années plus tard, je revis Raymond Rouleau. Il présentait au Festival de Cannes *Les Amants de Teruel*, qu'il avait réalisés avec Ludmila Tcherina en vedette. Le film reçut un accueil glacial. Les critiques l'éreintèrent, malgré ses qualités esthétiques. Rouleau, qui me connaissait comme journaliste – j'étais à cette époque à Radio Monte-Carlo –, était consterné par cet échec. Dans ces circonstances, on trouve de moins en moins d'amis, et il errait sur la Croisette telle une âme en peine. Je l'invitai à déjeuner du côté du Vieux Port.

Il accepta sans la moindre hésitation. Après avoir parlé de son film et de l'injustice des réactions suscitées, je lui rappelai avec bonheur l'épisode de mon audition. Bien sûr, il n'en avait gardé aucun souvenir. À chaque détail que je recomposais avec une précision d'orfèvre, je sentais une immense joie m'envahir. Une sorte de jouissance ! Avec un grand sourire, et sans la moindre méchanceté, je conclus ainsi :

— Vous avez été l'homme que j'ai le plus détesté de ma vie !

Rouleau sourit, un peu gêné.

— Aujourd'hui, c'est à moi de vous dire merci, ajoutai-je, c'est tellement bon de vider son cœur !

La définition du mot « star » est tellement ambiguë que personne ne se risque à la formuler. Seule exception, Jacques Séguéla, au cours d'une émission télévisée de Bernard Pivot où il se trouvait face à Kirk Douglas. Voulant sans doute briller, il s'adresse à l'acteur en ces termes :

— Je vais vous dire ce qu'est une star. Vous, vous n'êtes pas une star. Je vais donc vous l'expliquer !

— Ah bon ? Je suis curieux de le savoir, pressa Kirk Douglas.

Séguéla étaya sa démonstration et conclut avec assurance :

— Vous n'êtes pas une star.

Kirk Douglas, amusé par cette ridicule formulation, éclata de rire en disant :

— Cher monsieur, merci. Je ne suis pas mécontent d'avoir fait onze mille kilomètres en avion, parce qu'à mon retour à Hollywood, demain, je vais enfin pouvoir leur dire ce qu'est une star. Votre théorie va en épater plus d'un ! Et j'ajouterai que le ridicule ne tue pas assez !

Dernier exemple de la bêtise de certains.

Il y a de nombreuses années, j'avais organisé à Sète les Journées Georges Brassens. L'unanimité faite autour de Georges contribua à donner un reflet tout particulier à l'événement. Brassens, qui connaissait ses mérites, a pourtant toujours ignoré son immense popularité. Pour ceux qui, aujourd'hui, ont dépassé la cinquantaine, il a représenté un espace de liberté. Grâce à ses chansons, on pouvait appeler un chat un chat sans offusquer parents ni voisins. N'aimant pas l'Église, il savait apprécier la générosité et la bonté de certains curés. Son côté « anar » l'entraînait à brocarder l'armée et la police. Mais la pèlerine d'un flic réchauffant un pauvre hère l'émouvait également. « Mourir pour des idées / d'accord, mais de mort lente », lui attira les foudres de Jean Ferrat, dont les idées communistes étaient bien connues. Ferrat répudia même « À Brassens », chanson qu'il avait composée en hommage au Sétois. Des associations d'anciens combattants se rendirent à Bobino afin d'interdire la chanson « Mourir pour des idées »... Leur chahut, mêlé aux menaces, eut raison du poète. Georges était un pacifiste.

— S'ils n'en veulent pas, je la garderai pour moi !

Donc, les Journées Brassens se déroulèrent dans l'euphorie générale. Inaugurées par Raymond Devos – grand ami de Georges –, elles virent défiler le gratin du spectacle en France : chanteurs, comédiens, réalisateurs, auteurs... Il fallut, comme chez Monsieur de La Fontaine, qu'un importun vienne troubler la fête. Un petit homme, ami du maire, voulut prendre les rênes de l'affaire. Il bomba le torse, histoire de se faire « aussi gros que le bœuf ». Au lieu de se réjouir du succès de ces Journées, il prétendit diriger, régenter, recevoir, discourir, barrer un nom ici, conseiller une vedette là. Il savait, connaissait, ne doutait pas. Bref, il fit tant et si bien que l'édifice s'écroula. Adieu Brassens ! Adieu les amis fidèles qui savaient rire, chanter, écrire ! Tous s'en allèrent. Même le petit homme, qui connut la disgrâce du maire.

Tout cela n'est pas bien grave. Hélas il y a pire. Je vous ai cité quelques hors-d'œuvre, voici quelques plats de résistance plus difficiles à digérer.

Un homme d'affaires puissant, imbu de sa personne, me tint un jour ce langage (ce qui tend à prouver que l'intelligence du fric n'a rien à voir avec l'intelligence tout court). Me voyant lire un livre avec une certaine satisfaction, il s'en étonna. Et, face à mon enthousiasme devant la couleur du récit, le style de l'écrivain, il s'écria :

— Ne vois-tu pas qu'en lisant cet ouvrage tu te mets en état d'infériorité par rapport à celui qui l'a écrit ?

Phrase exceptionnelle qui aurait ravi Romain Gary, lequel affirma avec force et de tous temps : « C'est la connerie qui mène le monde ! » Face à mon interlocuteur, il aurait hurlé de joie, persuadé d'avoir enfin rencontré le connard le plus représentatif de son époque. J'insiste sur le fait que le connard en question était puissant et respecté, donc respectable. Comme le sont certains hommes politiques qui n'hésitent pas à admirer aujourd'hui ce qu'ils détestaient hier. La nature humaine est ainsi faite que plus gros est le mensonge, plus facilement il est accepté.

Le monde politique ne se prive pas de mentir. Chacun y va de son discours, promettant monts et merveilles à ceux qui ont la faiblesse de l'écouter. À la réflexion, le mensonge est normal. Imaginons un instant qu'en temps de paix un candidat promette à son auditoire des larmes et du sang. Tel serait son discours : « Chers amis, à l'heure où nous allons tous crever, il faut se résoudre à quelques sacrifices. Avant l'échéance finale, chacun doit sacrifier les animaux domestiques qui perturbent notre civilisation. Cela afin d'économiser la nourriture qu'on leur dispense. Cette mesure est d'ailleurs appliquée dans de nombreux pays où la morale a pris le pas sur les sentiments. » Cette première mesure condamnerait notre candidat, qui n'aurait pas à chercher d'autres sacrifices à proposer.

Revenons à mes débuts dans la vie.

Après quelques auditions analogues à celle du théâtre de L'Œuvre, le jeune homme que j'étais ne pensait plus révolutionner les scènes parisiennes. Je revins au bercail et devins vendeur de textile. Grandeur morale et décadence physique ! Dix mètres de coton imprimé, cinq mètres de lainage ne pouvaient compenser la terrible frustration d'un échec, à mes yeux immérité. Un jour trop grand, trop maigre, trop brun. « Nice la Belle » devenait synonyme de « Nice l'Échec ». Mon théâtre, c'était la boutique du petit commerçant. Rastignac de retour au pays, un grand coup de pied au cul pour tout salaire ! Ça remet les idées en place !

Je comptais Scapin, Covielle, La Flèche, parmi mes amis. Grâce à leurs vêtements, à leur verve, à leur rouerie, j'avais trouvé ma petite revanche dans une sympathique troupe théâtrale. De temps à autre, nous jouions sur diverses scènes de la Côte d'Azur. Des camarades charmants, des publics accueillants compensaient les longues journées occupées à parler chiffons.

Les rêves et la réalité ne font pas toujours bon ménage. Je rêvais d'être comédien, je devins homme de radio. Ce qui me permit de rencontrer des personnalités importantes, dont certains acteurs. Pas toujours bien dans leur tête. Inquiets, angoissés, hésitants. Le choix des rôles peut entraîner des conséquences sur toute une carrière. Quelle est la bonne option ? Faut-il accepter ce personnage dans un film italien ou bien cette pièce dont le succès n'est pas garanti ? L'acteur est comme un papillon qui butine ici et là, ne sait sur quelle fleur il doit se poser, et se trouve quelquefois emporté par une rafale de vent. Il atterrit alors en territoire inconnu. Jouer à contre-emploi lui permet de se trouver encore plus à l'aise que dans ses personnages traditionnels, et de gravir quelques marches dans la catégorie supérieure.

Ce fut le cas de Robert Hirsch, qui jouait Néron à la Comédie-Française et enchaînait le lendemain en faisant de Bouzin le personnage central d'*Un fil à la patte* de Feydeau ; le cas aussi de Michel Serrault délaissant le comique pour devenir un notaire ambigu dans *Garde à vue* de Claude Miller. Et tant d'autres, comme Bourvil, qui surent élargir leur talent en imposant une nouvelle personnalité.

Le statut de « star » suppose des qualités charismatiques que nul professeur de conservatoire ne peut enseigner. On peut être star et parler faux. Brigitte Bardot avait pour elle sa moue d'enfant gâtée et sa voix traînante. Cela a suffi pour que son corps, sa blondeur, ses robes à carreaux vichy, fassent fantasmer une partie de la planète. « Tu aimes mes fesses ? », demandait-elle, faussement naïve, à Michel Piccoli dans *Le Mépris* de Jean-Luc Godard. « Oui ! », hurlait-on dans la salle.

Afin de quitter au plus vite le monde du textile, j'avais obtenu un rendez-vous avec le directeur de RMC, Robert Schick. Au bout de trente secondes de conversation, celui-ci, à brûle-pourpoint, me demande :

— Voulez-vous être reporter ?

— Euh, oui… réponds-je, surpris d'une telle question.

Le directeur saisit son téléphone, appelle le bureau du préfet des Alpes-Maritimes, et me dit après avoir raccroché :

— Vous avez rendez-vous avec le préfet à 17 heures. Demandez-lui pour quelle raison il est interdit de klaxonner dans le département.

Mission ô combien délicate ! Je cherche, en vain, quelles questions je pourrais poser à ce haut fonctionnaire. Pas une seule ne m'effleure l'esprit. Je me rends à la préfecture à l'heure dite, aussi joyeux qu'un bœuf face au boucher. Uniforme blanc, petites moustaches à la Clark Gable, mon interlocuteur fait son entrée et me tend un papier.

— Tenez, me dit-il, j'ai tout préparé : questions, réponses. Cela vous convient-il ?

Et comment, cela me convenait !

— Merci, monsieur le préfet.

J'aurais été incapable de formuler la moindre question. Ou bien aurais-je dit : « — Pourquoi ne faut-il pas klaxonner ? — Pour ne pas faire de bruit et ne pas déranger notre population. »

Et puis après :

« — Comment va madame votre épouse ? La cuisine de la préfecture est-elle à votre goût ? Préférez-vous le rôti de porc aux côtelettes d'agneau ? »

N'importe quoi ! Je me serais retrouvé sur le pavé, poussé par des sbires municipaux. Adieu Radio Monte-Carlo ! Au lieu de ce cauchemar programmé, je n'eus qu'à lire les questions intelligemment rédigées par un secrétaire que je ne remercierai jamais assez.

Le directeur de RMC fut enchanté de mon travail. Pas de montage, aucun bafouillage. Débuts très satisfaisants ! La porte de la radio s'entrouvrait. À moi de faire les efforts pour qu'elle ne puisse plus se refermer.

Le destin se mit de la partie et favorisa mon ascension. En effet, un beau matin – ainsi qu'il est écrit dans les romans de gare –, Mario Beunat (grand reporter à RMC) revint d'un reportage dans une ville de province. Il déposa sa note de frais à l'administration de Radio Monte-Carlo. Frais d'hôtel, de restaurant, de taxi. Il était descendu à l'hôtel Terminus. Par habitude, il rédigea deux notes de taxi, gare-hôtel et hôtel-gare, inconcevables pour un trajet aussi court. Le directeur financier fit un bond dans son bureau-perchoir dominant la station monégasque. Bureau-symbole qui contrôlait les faits et gestes de tous les collaborateurs, journalistes et employés.

— Comment osez-vous prétendre avoir pris un taxi pour aller de la gare à l'hôtel Terminus ? s'écria monsieur le directeur.

Mario Beunat, qui avait du caractère, en profita pour dire bien haut ce que tout le monde pensait tout bas : la radinerie exercée à chaque instant, la mesquinerie du directeur général arrivant sur la pointe des pieds afin de surprendre ceux qui fumaient dans les studios (cinq francs d'amende), et autres amabilités du même calibre ! Le ton monta, de telle sorte que le grain de sable grippa définitivement la belle machine.

L'hôtel Terminus venait de mettre fin à la carrière d'un grand reporter.

Lorsque j'appris la nouvelle, je savais qu'une chance allait s'offrir à moi, qu'il fallait la saisir. Qu'enfin je pourrais définitivement abandonner les tissus dont le seul toucher me donnait des démangeaisons. À cette époque, le football régnait chaque dimanche dans les stades et sur les ondes. Pas un foyer où le transistor ne transmettait les grands moments des matchs principaux. Le reportage roi était donc le football, avec ses journalistes hurlant dans le micro dès qu'un ballon approchait de la surface de réparation. C'est là que je devais frapper ! J'empruntai un magnétophone à Radio Monte-Carlo. On me prêta un vieux modèle qu'il était nécessaire de remonter constamment avec une manivelle. Seul au milieu de la foule, je me mis à décrire les actions de jeu, le micro dans une main, la manivelle dans l'autre. Peu m'importaient les gens qui s'agglutinaient autour de moi, les rieurs qui me montraient du doigt :

— Tu as vu le fou !

Il me fallait acquérir la vitesse des mots, coller un nom à chaque joueur, comprendre que, le ballon allant plus vite que la parole, il était nécessaire de sauter quelques actions pour décrire l'essentiel. Je devais trouver les changements de rythme qui maintiendraient l'intérêt de l'auditeur. Bref, « jouer » le match comme un avocat « joue » sa plaidoirie.

Je fis ainsi deux essais « dans le vide » et rapportai la bande au rédacteur en chef, le cœur battant. Mon avenir se jouait sur son humeur du moment. Terribles minutes avant que ne tombe le verdict :

— Pas mal ! Vous irez dimanche à Nîmes pour le match Nîmes-Monaco !

Le trac s'est installé pendant six jours. Un trac horrible qui m'empêchait de manger, de dormir. Je l'avais sur l'estomac, plaqué là, bien au creux. Je l'avais dans mon cerveau, où chaque pensée était centrée sur les vingt-deux joueurs dont je devais décrire les exploits. Nîmes-Monaco devenait le centre du monde, mon seul pôle d'intérêt. On voit à quel point l'importance des événements qui agitent le monde est relativisée par l'individu…

Pour la première fois j'allais accéder aux petites cabines des reporters nichées au sommet des tribunes.

Combien de fois je les avais regardés, ces petits carrés renfermant des hommes qui, par leur volubilité, faisaient frissonner les foules. Entourés par une cohorte d'amis anonymes, ils parlaient avec l'assurance de ceux qui ne doutent pas : « Mais non, il ne devait pas contrer ! Il fallait passer en retrait, c'était enfantin ! »

Tout paraît si simple, à cinquante mètres du terrain !

« Du nerf, que diable ! », entend-on souvent crier à l'adresse de joueurs exténués après quatre-vingts minutes de course. À mon tour j'allais disséquer la partie, distribuer louanges ou critiques, insuffler une opinion à ceux qui n'en ont pas !

Pendant une semaine, j'inventai toutes sortes de combinaisons entre les joueurs nîmois et monégasques, je parlai sans discontinuer et à voix haute. C'est ainsi que je pris le train pour Nîmes, mon premier voyage comme « envoyé spécial ». Un mot qui fait rêver tous les journalistes débutants. « De notre envoyé spécial », lit-on dans tous les journaux. De quoi donner des ailes au petit reporter que, tout à l'heure, on allait appeler sur l'antenne.

Enfin, la gare de Nîmes. Je descendis du train, marchai comme un somnambule vers la sortie, et fis une tonitruante arrivée en ratant trois marches, me rattrapant à l'horizontale au cou d'un voyageur. Cet incident, paradoxalement, me remit la tête à l'endroit. Je fis mon reportage comme un vieux routier. Test réussi. À mon retour à Monte-Carlo, un contrat me fut proposé. J'avais cessé d'être pigiste. Grâce à l'épisode de l'hôtel Terminus, ma vie de reporter commençait.

Comment ne pas être persuadé que le destin avait frappé à ma porte sous la forme d'une simple note de taxi ! Mario Beunat me rendit la joie de vivre. Le monde du textile se refermait derrière moi.

Le jour où mon rédacteur en chef me dit : « Joseph Kessel donne une conférence de presse cet après-midi à Nice », mon cœur se mit à battre. Voir et parler à Kessel était un cadeau. Il incarnait LE journaliste. Il venait sur la côte pour présenter un film russe tiré de *L'Idiot* de Dostoïevski, dont il avait écrit les dialogues français. Je le vis dans le grand salon de l'hôtel Ruhl, imposant et lourd, avec sa crinière de lion mal coiffé, une chemise légèrement froissée tombant sur un pantalon sans pli. Mais aussi avec un sourire superbe qui illuminait l'un des plus beaux visages d'homme qu'il m'ait été donné de voir.

Kessel s'assit au centre d'un groupe d'une dizaine de journalistes. Une légende qui parlait de cinéma, de la difficulté de l'adaptation de l'œuvre de Dostoïevski. Qui racontait des histoires, le tournage, la fascination exercée par les comédiens. Je restais silencieux dans mon coin, avalant ses paroles sans m'y intéresser vraiment. J'attendais le moment de saisir, pour moi seul, son regard et sa voix.

Après une heure de patience, je fus récompensé. Il se faisait tard. « Jef » avait soif car il avait beaucoup parlé. Avec Louis Nucéra qui se trouvait à mes côtés, nous l'entraînâmes au bar. La conversation prit tout de suite une tournure différente. Jef aimait Nice, où il avait fait ses études. Comment cette ville avait-elle évolué ? Le Vieux-Nice était-il préservé ? Et la colline du Château ? À toutes ces questions Louis et moi donnions les réponses.

— Allons voir ! J'ai envie de revivre ces instants de jeunesse !

Il n'eut pas besoin de le répéter deux fois. Dans l'Aronde de Louis, nous conduisîmes Kessel au parc Impérial, sur le boulevard Tzarewitch, havre de paix où les Russes blancs s'étaient installés, dans le Vieux-Nice avec ses venelles décorées par le linge séchant à chaque balcon, au Château où, le soir venant, le soleil rouge illuminait la baie des Anges comme sur une carte postale. Un arrêt au port où nous fîmes goûter à Jef la *socca*, une purée de pois chiches que l'on déguste avec un vin blanc très frais. Superbes moments, le rire de Kessel, la chaleur d'une amitié naissante, notre enthousiasme qui aurait fait déplacer les montagnes. Jef était libre de toute contrainte, la nuit était à nous.

Nous allions en jouir, de cette nuit, nous en régaler, la presser comme une orange. Nous vivions un rêve. Comment imaginer, quelques courtes heures plus tôt, que nous aurions Kessel à nous, jeunes journalistes niçois pour lesquels il était l'Exemple, l'un des rares hommes mythiques de notre génération. Le connaître, lui serrer la main, lui parler, aurait suffi à notre bonheur. Mais une nuit ! Qu'allions-nous en faire ? Surtout, ne pas le décevoir. Nous connaissions un petit restaurant russe, où l'arrière-salle était habituellement réservée aux amis du patron. Oui, c'est là qu'il fallait poursuivre cette soirée que la chaleur de Vanya devrait rendre encore plus euphorique.

La réalité dépassa nos espérances. Lorsque Vanya aperçut Jef, il resta une bonne minute sans voix. Pour lui, comme pour la plupart des Russes blancs réfugiés en France, Kessel était un demi-dieu. Il lui baisa la main avec respect, nous conduisit dans son salon privé et, après avoir poussé un cri dans sa langue, versa le premier verre d'alcool. Jef était ému. Il se mit à parler russe avec Vanya, tandis que les *zakouski* arrivaient, apportés par l'épouse de notre ami. Elle les disposait sur la petite table centrale autour de laquelle nous avions pris place. Saumon de la Baltique, harengs et anguilles fumés, tarama, que sais-je, défilaient devant nous. Vodka russe, polonaise, aux herbes, au piment, toutes les bouteilles enserrées dans leur bloc de glace furent ouvertes. La chaleur montait, Vanya et Jef se racontaient leurs souvenirs de jeunesse, riaient et pleuraient à la fois. Jef avait sorti son stock de Gauloises et de Camel de sa large poche. La fumée de cigarette et les vapeurs d'alcool remplissaient la petite pièce. Jef commença par briser quelques verres, puis imposa le silence.

— Je ne veux plus entendre de vouvoiement ! On va se tutoyer !

Difficile de lui dire « tu » ! Mais chaque erreur se payait cash : deux verres cul sec ! Il n'était que 23 heures, j'avais l'impression d'être resté deux nuits sans dormir.

Kessel raconta ses périples autour du monde, ses découvertes de peuplades et d'horizons inconnus. Il quittait son pays, voyageait pendant six mois, menait la vie de ceux dont il voulait raconter l'existence, dormait dans un cinq-étoiles un soir, le lendemain sous la tente ou dans un bordel. Il allait à cheval, traversait les rivières, passait des nuits à boire et à fumer, interrogeait les princes de ce monde et les plus miséreux d'entre nous. Il passait du Bowery – l'enfer des pauvres et des damnés – aux demeures des maharadjahs. L'or et la poussière, les rires et les larmes, la richesse et le dénuement, les pires odeurs émanant du corps humain et les parfums les plus raffinés, les guerres et leurs ravages, les êtres torturés sur les chemins de l'exil, Kessel racontait la vie telle qu'elle était dans sa vérité. Ses six mois de reportage coûtaient une fortune à *France-Soir* ou au *Matin*, car Jef ne regardait pas à la dépense. Ses frais étaient illimités. Sa générosité aussi.

Vers 1 heure, il tendit un chèque à Vanya :

— Tiens, tu le rempliras à ton gré. Mets le chiffre que tu désires !

Ce fut le début d'une nuit mémorable !

J'avais connu Raymond Moretti deux ans auparavant. Lors d'une interview de Pablo Picasso dans son atelier de Vallauris, le créateur des *Demoiselles d'Avignon* me dit :

— Si vous aimez la peinture et les hommes, allez voir Moretti. Après moi, il sera le grand peintre de sa génération.

Le « après moi » m'avait fait sourire car cela avait été dit avec une grande gentillesse, et sans la moindre affectation. Simplement « après moi ». Picasso était le peintre le plus renommé de son temps. De la période bleue (il faut aller à Saint-Pétersbourg pour admirer ses plus belles toiles) à *Guernica*, il a chamboulé toutes les données de la peinture mondiale. Il aurait donc fallu être inconscient pour ne pas aller aux studios de la Victorine rendre visite à Moretti.

Au milieu de ces studios où le gratin du cinéma était présent, la villa prêtée au peintre niçois semblait comme une erreur de décor. Le directeur de la Victorine, Henri Clerc, côtoyait chaque jour les stars et réalisateurs français, américains et italiens. C'était un homme de goût et sensible à l'art. Lorsqu'il vit les travaux de Moretti, il n'hésita pas une seconde. La jolie villa blanche, de style fin XIXe siècle, qui servait au secrétariat et à la comptabilité des studios, aurait une destination artistique. Elle devint l'atelier de Moretti.

La magie des rencontres, une poignée de main, deux sourires. Je savais que Moretti serait mon ami. C'était clair. Notre conversation ressemblait à celles que peuvent avoir de vieux complices. Nos rires possédaient la même sonorité. Nos objectifs semblaient identiques. La vivacité du regard, le visage d'une pureté parfaite (était-il le sosie de Dustin Hoffman ?), des dents éclatantes, Moretti avait tout pour séduire. Je vis quelques-unes de ses toiles. Elles ressemblaient à leur créateur. La fougue de ces artistes de jazz, la souffrance du taureau dans l'arène, l'univers désincarné des camps de la mort, le regard évanoui du poulet crucifié. La beauté à l'état pur. Picasso, qui avait fréquenté les plus grands esprits de son temps, ne s'y était pas trompé.

Nous nous vîmes régulièrement, puis chaque jour.

C'est dans l'atelier de Moretti que je connus Louis Nucéra. Il écrivait pour un journal local dont il assumait toutes les chroniques, sauf la politique et les courses hippiques. Le sport (football et cyclisme en particulier), le cinéma, les grandes interviews, l'art étaient ses passe-temps favoris. Quand l'actualité niçoise marquait une pause, il l'inventait. Une interview d'Orson Welles en transit à l'aéroport, un entretien téléphonique exclusif avec Charlie Chaplin étaient des scoops que ses confrères de *Nice-Matin* digéraient avec difficulté. Je compris vite que Nucéra serait l'être le plus généreux que j'allais connaître dans ma vie. La générosité du cœur – la plus riche –, la disponibilité de tous les instants, le sacrifice pour ceux qu'il aimait.

Louis avait quitté l'école après son certificat d'études. Il lui fallait gagner un peu d'argent afin d'aider sa mère qu'il idolâtrait. Employé de banque, il écrivait déjà pour son plaisir. Il lisait beaucoup, s'instruisait loin des bancs de l'école. Il découvrait Koestler et les mensonges du stalinisme. Cela le bouleversait. Il avait cru, comme la plupart des jeunes gens nés dans un quartier pauvre, que l'idéologie marxiste allait changer l'humanité. Toutes les données d'une vie s'écroulaient comme un château de cartes. Il se réfugiait davantage encore dans la lecture – savoir plus, encore plus –, pris d'une boulimie d'auteurs. Nous nous liâmes d'amitié, Moretti, Louis et moi. Il semblait que rien ne pourrait nous atteindre. Nous tressions, sans en avoir conscience, une chaîne irremplaçable, indestructible.

C'est donc dans l'atelier de Moretti aux studios de la Victorine que nous conduisîmes Kessel. Le chien aboya, tira sur sa chaîne, mais le gardien nous connaissait. Il nous arrivait souvent d'interrompre sa nuit par nos visites nocturnes. La barrière se leva. Une atmosphère inquiétante se dégageait des hangars plongés dans l'obscurité. Sans vie, sans lumière, ils étaient comme des cercueils qui renfermaient des personnages de légende.

— Je suis sûr que le comte Dracula va se réveiller sous peu, chuchota Jef.

— En tout cas, les « Enfants du paradis » vont se coucher, enchaîna Louis en saluant de la main le cuistot et la serveuse du restaurant de la Victorine qui avaient terminé leur travail.

— Taisez-vous, reprit Jef, il ne faut pas réveiller les ombres qui dorment.

Et Kessel revoyait *Les Visiteurs du soir* nouvelle version, mais toujours avec le diable ricanant de nous voir arriver dans son domaine. Enfin, au bout du chemin, une pâle lumière apparut.

— C'est la villa de Moretti, indiquai-je, les fantômes vont s'envoler !

Raymond nous attendait sur le palier de la maison. Nous fîmes les présentations. Elles étaient inutiles. Jef et Moretti s'étaient reconnus comme appartenant à la même famille. Ils continuèrent une conversation qu'ils n'avaient jamais entamée.

— La nuit, je me sens mieux pour peindre, précisa Raymond. La lumière électrique est toujours la même. Dans la journée, le moindre nuage qui filtre le soleil change toutes les couleurs.

Jef ne pouvait qu'acquiescer. La nuit était aussi son domaine. Lorsqu'il allait chez Novsky, près de l'avenue Paul-Doumer à Paris, il écoutait jusqu'à l'aube la voix de basse de Poliakov chanter « Gari Gari ». Ses yeux s'embuaient de larmes. Toute la nostalgie de l'âme russe jaillissait de ces refrains qu'il connaissait pour les avoir entendus mille fois. Et mille fois il les fredonnait comme s'il s'agissait de saintes prières. Jef nous racontait ces nuits avec un sourire triste, comme si tout cela appartenait déjà à des époques anciennes.

C'est le souvenir des êtres chers qu'il avait connus, les tourments de la vie, les drames vécus et les épreuves dont il pouvait témoigner qui avaient creusé sur son visage des rides magnifiques. À travers elles, on lisait comme dans un livre ouvert. Elles ne pouvaient mentir. Chacune de ses rides racontait une aventure.

Rassurez-vous, je ne vous rapporterai pas les histoires que Kessel nous distillait au fil des soirs et des nuits. Il est préférable de lire ou de relire son œuvre. Rares sont les ouvrages où, sous des personnages de fiction, ne se profilent l'auteur et ceux qu'il aimait fréquenter.

C'était vraiment une autre époque. Favorisé par le coup de chance incroyable qui m'avait permis d'entrer à RMC, j'ai mis les bouchées doubles afin de colmater quelques-unes des brèches innombrables de ma culture générale. Presque boulimique, j'avalais jusqu'à cinq livres par semaine, des documents principalement. Je touchais à tout : le sport, la musique, l'actualité politique… Certes je progressais, mais cela sans éviter quelques graves lacunes. Ainsi, lors d'une interview chez Maurice Chevalier, dès le début de notre conversation, pensant lui faire plaisir, je m'écriai :

— Ah, si vous aviez l'idée d'écrire vos souvenirs, que d'anecdotes vous pourriez conter avec tous ceux qui furent vos amis !

Maurice Chevalier posa alors la main sur le micro, et très calmement me dit :

— J'en suis au troisième tome de mes mémoires…

Le ridicule ne tue pas, fort heureusement pour moi.

Il y a pire ! Lors de la rupture du barrage de Fréjus, quatre cents cercueils étaient alignés. L'horreur ! Le reporter de RMC, qui habituellement commente les matchs de rugby, commence ainsi son reportage : « Aujourd'hui, à Fréjus, le soleil est de la fête ! »

Le métier de journaliste ne s'apprend pas à l'école. J'en suis la preuve. C'est sur le tas que chaque jour on se perfectionne. Après avoir préparé son reportage, le journaliste arrive sur les lieux du crime qui étaient, en ce qui me concerne, une course cycliste, le grand prix du journal *Midi Libre*. Que connaissais-je, à l'époque, du monde de la bicyclette, à part le visage de Louison Bobet dont le sourire s'épanouissait à la une de la presse ? À peu près rien ! Et j'eus beau éplucher *L'Équipe* chaque jour, je pris place sur le tan-sad de la moto qui m'était affectée, vierge de toute connaissance. Comble de malchance, une pluie glaciale ne cessa de tomber sur le parcours qui nous menait d'Avignon à Carcassonne. J'avais revêtu, pour cette grande première, la tenue du parfait reporter dont je me souviens que le blouson bleu marine paraissait indispensable pour abriter, lorsqu'on se trouve sur une moto, le stylo, le crayon et le carnet de notes. Je n'avais malheureusement pas prévu les circonstances atmosphériques exécrables qui transformèrent mes notes ou les quelques remarques faites en autant de bouts de chiffon illisibles. Les coureurs avaient revêtu un imperméable qui cachait soigneusement le numéro de leur dossard. Il devint vite impossible de savoir lequel venait de crever, ou lequel tentait une échappée. Mes notes étaient une bouillie infâme qui ressemblait plus à un dessin de Pollock qu'à un rapport de course cycliste.

Pendant 260 kilomètres, mon calvaire se poursuivit. Par hasard, j'appris qu'un Luxembourgeois nommé Jean-Pierre Schmitz possédait vingt secondes d'avance sur le peloton. Je formulai des vœux ardents pour sa réussite et filai vers l'arrivée pour faire mon reportage. Dans mon casque, l'animateur en studio vantait le commentaire qui allait suivre, insistant sur le fait que l'auditeur n'ignorerait rien des péripéties de la course. « À vous, Carcassonne ! » Mon cœur comprit que l'échéance était arrivée, je bafouillais quelques mots lorsque, dans le lointain, sous la pluie battante, on aperçut un coureur qui allait se présenter sur la ligne d'arrivée : « Bravo, Jean-Pierre Schmitz ! » Et, à bout d'arguments, j'enchaînai ainsi : « Pour la suite du classement, vous pourrez consulter demain votre journal habituel. » À peine avais-je repris visage humain que le technicien me fait signe de remettre mon casque car quelqu'un de la station veut me parler :

— Ici Jean-Antoine – c'était le nouveau directeur des programmes de RMC. Juste un mot : savez-vous que vous n'êtes pas payé pour dire à nos auditeurs qu'ils connaîtront demain le classement dans leur journal ?…

Je veux l'interrompre :

— Mais, monsieur…, lorsque l'on me fait signe que la ligne est déjà coupée.

Trempé, je cherche un hôtel dans cette ville qui semble déserte. L'orage se met à gronder, les éclairs s'écrasent sur la Citadelle. J'ai l'impression de vivre un film d'épouvante. Je suis paumé ! J'ai envie de chialer devant cet après-midi de cauchemar, persuadé que cette émission va mettre fin à ma carrière de journaliste.

Il faut croire qu'une bonne fée devait veiller sur moi, puisque, quelques jours après cette désillusion à Carcassonne, j'apprends que pour le prochain Tour de France je suis désigné pour faire les reportages. Je me demande si la direction de RMC n'est pas tombée sur la tête, vu mes médiocres connaissances dans le domaine du vélo.

Une fois encore, la chance va me sourire. Le chauffeur qui m'est affecté n'est autre que René Vietto, une légende du cyclisme : l'homme qui s'était sacrifié pour le leader de son équipe, Antonin Magne, lequel avait cassé son vélo alors qu'il était en tête dans le Tour de France 1947. Vietto s'arrêta pour donner la roue salvatrice à son leader. Ce geste fit pleurer la France sportive, son sacrifice fut chanté comme l'un des faits majeurs de l'Histoire du Tour. Grâce à René Vietto, je compris vite en quoi consistait la course d'équipe. Sous son air bourru, Vietto me prit en amitié et m'expliqua tous les détails d'une course. Ainsi, je me trouvai au cœur du peloton sans avoir jamais donné un seul coup de pédale. Merci René ! Grâce à toi, le néophyte que j'étais devint un spécialiste du vélo.

À propos des spécialistes, j'ajouterai qu'ils m'ennuient considérablement. Ils n'ont de cesse de faire connaître leur savoir. Ils ne parlent que de leur sport favori, du sprint de Guy Lapébie en 1948, ou bien du fameux shoot de Puskas, footballeur hongrois de génie qui eut son temps de gloire. S'ils savaient le peu d'intérêt représenté par leurs différents héros d'un jour, ils en parleraient moins et se demanderaient si rien de plus important ne s'était passé dans le monde. Ils devraient s'intéresser à d'autres faits majeurs qui bouleversent notre société et ne donner aux exploits de leurs champions que la place qui leur convient.

Et, pourtant, j'adore le sport. Je ne rate aucun reportage sportif à la télé, et je prends plaisir à voir le vrai bonheur de ceux qui, au bout de leurs efforts, sont récompensés par la victoire. Une fierté saine, un sourire qui reflète une joie complète. Joie éphémère, joie d'un jour, puisque eux-mêmes savent que demain d'autres athlètes effaceront leur exploit actuel. Alors, les buts de Puskas ou le sprint de Lapébie ne valent pas tripette dans une conversation !

J'ai une tendresse particulière pour Éric Fottorino. Viré de la direction du journal *Le Monde*, il en a profité pour réaliser son rêve d'adolescent : faire le Tour de France. Non pas en voiture ou à moto, mais à bicyclette. À cinquante-trois ans, il a enfourché un vélo ne pesant pas plus de cinq kilos et il est parti à l'assaut des cols, imitant ainsi la performance réalisée par Louis Nucéra en 1986.

C'est un bon fou, Éric ! C'est pourquoi je l'aime. Il adore le vélo, comme de nombreux amateurs qui ne se contentent pas de courir le dimanche. Mais tout de même, est-ce bien raisonnable, à cinquante-trois ans, d'aller à l'assaut des Tourmalet, Izoard et autres cols mythiques ?

— Le mot « raisonnable » ne fait pas partie de mon vocabulaire, objecte-t-il aussitôt lorsque je lui fais cette remarque.

Et Fottorino se lance dans des considérations sur le mot « raisonnable » :

— Crois-tu que François Hollande soit un être raisonnable ? C'est ainsi qu'il se définit. Tu vois ce qu'en pense le peuple de France ! La raison est une chose dont le pouvoir ne peut s'accommoder. Les grands chefs d'État dont les noms restent dans les mémoires ne sont pas guidés par le mot « raisonnable ». Je ne citerai que quelques noms : de Gaulle, Staline, Hitler, Mao.

Comme Éric voit que je vais pousser des cris, il ajoute aussitôt :

— Je te l'accorde ! Il n'est pas nécessaire de semer des millions de morts pour que le mot « raisonnable » soit indispensable. Mais si notre président n'est que raisonnable ou normal, il fera partie de tous ceux que l'Histoire oubliera dans ses annales. Donc, je ne suis pas raisonnable !

Après cette digression, revenons au Tour de France. Éric ne partait pas seul. Il avait pris le temps de former vingt-trois jeunes, garçons et filles. Son opération « Le Tour de Fête » fut un énorme succès. J'avoue que l'inquiétude était grande, lors de la descente des cols en particulier. La vitesse se situe aux alentours de 60 km/h, et les routes ne sont pas gardées. Lors de l'étape des Pyrénées, Éric m'a envoyé un texto le soir même : « Cinq cols première catégorie, cinq formalités. Je vais bien quand même. »

Comme j'ai suivi en tant que journaliste six Tours de France, je me permets de lui souligner les difficultés rencontrées au cours de ces trois semaines.

— Je les connais, m'interrompt-il aussitôt. Et heureusement qu'elles existent, sinon quel serait l'intérêt d'un tel projet ? N'oublie pas que j'ai à mon compte un certain nombre de milliers de kilomètres et que j'ai fait la course du *Midi Libre*, ce qui n'est pas une rigolade non plus. Et, pour mettre fin à tes remarques, il faut que tu saches qu'un cycliste déteste les routes plates et ne trouve son bonheur que lorsque le terrain monte et descend.

— En somme, vous êtes tous de bons masochistes, vous aimez souffrir ! lui dis-je en riant.

Et la conclusion d'Éric Fottorino fut :

— Et pourquoi pas ?

Que l'on soit pro ou amateur, le Tour de France fait rêver malgré les scandales du dopage, cette hypocrisie que l'on découvre alors que depuis des décennies les coureurs aident leur organisme à avaler des obstacles majeurs. Sans rentrer dans les détails, je dirais qu'il y a ceux qui se dopent intelligemment, et les autres qui prennent n'importe quoi, mettant ainsi leur santé en péril. Stop sur ce sujet.

Si depuis cent ans le Tour existe, attirant des foules énormes sur son passage, c'est qu'il s'agit de l'épreuve populaire par excellence. Ni le football ni le tennis n'attirent en trois semaines autant de spectateurs. Comment oublier le duel Anquetil-Poulidor, marqué par la suprématie étincelante du grand Jacques, qui annonçait à l'avance ses victoires ? Et il tenait parole.

Comment ne pas rire lorsque le coureur Brambilla, mécontent de sa course, a couché par terre, laissant le lit à son vélo ? Étonnement encore en voyant le directeur des sports de *France-Soir*, René Dunan, qui était saoul dès le matin, suivre toute l'étape en dormant affalé sur le tan-sad de sa moto ! Pendant ce temps le champion belge Rik Van Looy se donne un coup de peigne avant de s'échapper du peloton. Ainsi il plaira davantage encore aux dames qui se pressent sur les routes pour l'acclamer.

Et le pauvre Zaaf, lanterne rouge du Tour, à qui, un jour de forte chaleur, un spectateur donna un bidon contenant du vin rosé tiède ! Zaaf, qui n'avait jamais bu une goutte d'alcool, repartit en sens inverse de la course et fut éliminé pour cause de dopage !

Des milliers et des millions d'anecdotes secouent la mémoire des suiveurs. Il suffirait de lire les magnifiques chroniques d'Antoine Blondin, l'esprit fait homme, pour savoir que lorsqu'il ne se passait rien de marquant, il y avait toujours quelque chose à dire, ou à faire. Ainsi, sur les notes de frais Antoine Blondin pouvait marquer : « On n'en est pas moins homme ! »

Pierre Brive fut mon premier professeur de vie. Lorsqu'il fut nommé directeur des programmes de RMC, mon existence prit une dimension différente, en ce sens qu'il m'a appris à diversifier ma pensée et à avoir de l'intérêt pour toute chose. Comme moi, il détestait les « spécialistes », ce en quoi il avait mille fois raison. Ainsi, à peine rentré du Tour de France cycliste que je faisais pour Radio Monte-Carlo, il me demanda de commenter les concerts symphoniques sur cette même radio. Ces retransmissions en direct représentaient un travail énorme.

— Mais Pierre, je ne connais rien à la musique classique ! objectai-je.

— Et c'est tant mieux, me répondit-il. Je pourrais demander cela à un grand critique, mais je suis persuadé que nos auditeurs ne comprendraient rien du tout à ce qu'il nous raconterait. Tandis que vous, vous serez obligé de travailler, de trouver des anecdotes intéressantes, et c'est ainsi que vous aurez l'adhésion des auditeurs.

Pierre Brive était un homme pétri d'humour, quoique d'une distance glacée. Il estimait être toujours sur la bonne voie, mais parallèle à la réalité, c'est-à-dire qu'il ne pourrait jamais rejoindre la réalité des choses. Une adaptation en français d'*Arsenic et vieilles dentelles* l'avait rendu un moment célèbre. Il possédait une culture rare et un sens de la logique qu'il s'appliquait à suivre comme s'il s'agissait d'une religion.

Un souvenir qui me revient en tête. Il devait aller à Stockholm. Il prit deux billets d'avion, l'un pour la capitale suédoise, l'autre pour Malmö, « au cas où le mauvais temps obligerait l'avion à changer son itinéraire ». Au théâtre où nous allions souvent ensemble, il fallait garder le silence cinq minutes avant le lever du rideau, de façon à faire le vide en soi, être beaucoup plus réceptif à la pièce.

Un jour où j'allais quitter les studios de Radio Monte-Carlo, qui étaient situés au troisième étage, rue Magellan, à Paris, je le vis arriver dans l'ascenseur.

— Attendez-moi, André ! Je descends avec vous.

— Mais pourquoi montez-vous, répliquai-je étonné, si vous devez descendre ?

Et Pierre Brive de conclure :

— Je viens de m'apercevoir que l'ascenseur est interdit pour la descente et, afin de ne pas avoir de réflexion de la part de la concierge, je remonte et descendrai l'escalier à pied.

Nous avons, avec Pierre Brive, écrit le scénario d'un film. Chaque jour, je me rendais chez lui. Il avait une petite table, et dans un de ses tiroirs se trouvait une boîte d'allumettes. Il fumait des Toscan, ces cigares qui s'éteignent continuellement. Sans arrêt il ouvrait ce petit tiroir, craquait une allumette, refermait le tiroir et deux minutes après il rouvrait le tiroir, craquait une allumette et refermait le tiroir. Et je lui dis :

— Mais Pierre, laissez donc la boîte d'allumettes sur la table ! Ce sera plus simple.

Et il me répondit, choqué de ma remarque :

— Sa place est dans le tiroir !

Les six Tours de France vécus pour RMC m'ont permis de bien connaître Antoine Blondin. Sublime personnage dont chaque mot reflétait l'intelligence et l'humour.

L'amitié scellée entre Antoine Blondin et Marcel Aymé se résumait à quelques repas dans un restaurant proche des éditions Gallimard. Ils étaient le plus souvent en tête à tête, et la conversation ne brillait que par le nombre des paroles prononcées. Marcel Aymé parlait peu. Le visage fermé, il affichait, pour ceux qui ne le connaissaient pas, une sévérité qui ne traduisait pas sa vraie personnalité. Avec Blondin, même si le rire était rare, Marcel Aymé se laissait aller à quelques plaisanteries. Il avait pour son ami une amitié telle que les extravagances de Blondin faisant le toréador devant les voitures sur le boulevard Saint-Germain, de Blondin occupant le bureau du ministre des Transports déclenchaient son hilarité. Ce que Blondin ignorait, c'est jusqu'à quel point allait l'amitié de Marcel Aymé.

Blondin logeait à l'hôtel Voltaire, sur les quais, rive gauche. Le bar de l'hôtel était l'un des lieux où la consommation d'alcool débutait, pour Antoine, dès le matin, et se poursuivait souvent le soir jusqu'à la fermeture de l'établissement. Chaque fin de mois, la note était signée et payée par un mystérieux personnage dont Blondin ignorait totalement qui il était. Sa discrétion ajoutait encore à sa générosité.

Par ce geste rare, Marcel Aymé – puisque c'est de lui qu'il s'agit – démontrait la noblesse de ses sentiments, élément inhabituel dans le milieu du spectacle et de la littérature. On préfère vanter sa grandeur d'âme plutôt que de faire du bien en toute discrétion. Ainsi, tout le monde ignorait que Georges Brassens a fait vivre Boby Lapointe durant les dernières années de sa vie.

Je meurs d'envie de prendre le contre-pied de ces gestes superbes. Je ne vous conterai qu'un seul exemple. Un seul, mais dont l'authenticité donne au personnage un relief très particulier. Nous admirons tous Charles Trenet. Son talent n'est pas ici en cause. La poésie qui baigne la plupart de ses œuvres, le rythme qui a changé la perception de la chanson française, la légèreté des refrains composés, rien n'est discutable. Trenet est un immense artiste.

Un jour, donc, Trenet se rend en voiture au Havre, accompagné de son directeur artistique. Un gala parmi tant d'autres. Après le tour de chant, Trenet touche en billets de banque la jolie somme, à l'époque, de 400 000 francs, qui prend aussitôt place dans ses poches. Le retour se fait sans encombre et, arrivé porte d'Auteuil, Trenet propose à son ami de prendre un taxi :

— Il est 3 heures, dit-il. Tu es près de chez toi, il est inutile que tu traverses tout Paris pour m'accompagner. Je vais prendre un taxi.

Trenet descend, se rend vers une voiture arrêtée à la station, puis se ravise, fait demi-tour, revient vers son directeur artistique et lui fait la demande suivante :

— Peux-tu me prêter cinquante francs pour le taxi ? Je n'ai pas un sou sur moi.

Sans commentaire !

« On ne chante pas après Trenet. » Cette phrase fut prononcée par Georges Brassens à l'occasion d'un gala organisé par Europe n° 1 dans un grand music-hall parisien. Le programme comprenait deux parties, l'une consacrée à Trenet, l'autre à Brassens. Ce dernier accepta à condition de passer en première partie, avant Trenet ; c'est dire l'importance représentée par celui que l'on a appelé à tort « le Fou chantant ». L'homme peut atteindre les sommets de la radinerie, l'artiste n'en demeure pas moins exceptionnel.

Constat identique en littérature, où Louis-Ferdinand Céline atteint les sommets de l'antisémitisme avec *L'École des cadavres* et révolutionne le monde des lettres avec *Voyage au bout de la nuit*…

L'homme est ainsi fait que le mélange des genres, la cohabitation de la tendresse et de la cruauté aiment à prendre place dans le cerveau sans que cela vienne perturber son équilibre. Le métier de journaliste permet de disséquer l'interlocuteur, d'analyser le bien et le mal, à condition d'avoir la vision de Joseph Kessel et non celle du reporter de la gazette des cœurs.

C'est ainsi que, chaque jour, des journalistes prennent des risques inouïs en se trouvant au centre de guerres de toutes sortes et, lorsqu'ils rejoignent leur rédaction, ils entendent des phrases comme celle-ci : « Alors, les vacances, ça s'est bien passé ? »

Le danger est trop présent partout pour étonner quiconque. Couvrir un événement dramatique n'est plus considéré comme un acte de courage. On en voit trop chaque jour à la télévision. Les enfants affamés, les crânes qui explosent, la haine et le malheur sont affichés tels des trophées.

Le siècle de la technologie aboutit aux guerres de religion. Catholiques contre protestants, émergence de l'islam triomphant, ethnies se massacrant avec sauvagerie. L'homme semble avoir de plus en plus peur de son semblable et se réfugie dans des croyances que l'on pouvait penser obsolètes. Les enfants, pris dans l'engrenage de la violence affichée chaque jour par la télévision, se révoltent contre le genre humain. À douze ans, ils tuent ou mutilent sans états d'âme. Dans certains pays, les bandes les plus redoutées sont composées de gosses de dix à treize ans. Il ne faut pas s'amuser à leur passer la main dans les cheveux, la réponse est un coup de couteau dans le ventre.

Pendant ce temps, nos chers petits sont de plus en plus assistés. Ils vont au collège en scooter, téléphonent de leur portable entre deux cours, et fument un joint à la récréation. C'est à se demander si les Martiens ne sont pas déjà chez nous, ou plutôt en nous. Ils ne s'y prendraient pas autrement pour pourrir une société, notre chère et belle société – où l'injustice a toujours régné en maître absolu. L'esclavage des Noirs, les massacres successifs de tribus indiennes, le génocide des Arméniens, la volonté de supprimer le peuple kurde, l'holocauste des Juifs ne sont que quelques-uns des forfaits de l'homme sur l'homme. L'attaque de la planète, le déboisement des forêts, le pourrissement de nos océans ne font qu'ajouter à ce bilan négatif et révoltant…

Imaginez cette histoire (qui, d'ailleurs, est véridique). Dans un petit appartement vivait rue de Rémusat, à Paris, une immense comédienne. Toute de blanc vêtue, elle ignorait que trois portes plus loin une autre grande dame dont le talent allait éclater sous peu attendait son heure. Fagotée dans une grande robe noire qui ne la quittait pas, Barbara se savait pas que Léonie Bathiat, plus connue sous le nom d'Arletty, passait les derniers jours d'une vie glorieuse dans l'anonymat de son regard éteint. Ainsi, à quelques mètres l'une de l'autre, Arletty et Barbara, l'une au déclin de sa vie, l'autre à l'aube de son vedettariat, vivaient en ignorant les problèmes de leurs voisines. Et quelles voisines !

Si Jean-Louis Trintignant a choisi le nom de « Garance » pour baptiser son côtes-du-rhône, ce n'est pas par hasard. « On m'appelle Garance », articule Arletty au début des *Enfants du paradis*. Phrase culte, enlevée comme un bonbon acidulé dans ce qui est considéré comme le plus beau film jamais tourné par un cinéaste français. Garance est désormais présente. L'action peut commencer.

De 1930 à 1967, Arletty enchaîne soixante-deux films, dont un certain nombre de « nanars ». Qui se souvient d'*Un chien qui rapporte*, de Jean Choux?... Sans doute personne! Pourtant Jean Choux eut son heure de gloire. Cet ancien critique de cinéma devenu réalisateur remarqua un comédien dans la troupe de Pitoëff; il l'engagea et lui donna un rôle dans un film qui allait rapporter gros. En effet, Michel Simon fut consacré comme une vedette de premier plan grâce à ce Jean Choux, dans l'adaptation de la pièce de Marcel Achard, *Jean de la Lune*. Arletty et Michel Simon se retrouvèrent en 1940 dans *Circonstances atténuantes*, de Jean Boyer. Leur duo, « Comme de bien entendu », fut un énorme succès.

Dans son petit deux pièces du XVIe arrondissement, Arletty se remémore avec plaisir les débuts de sa vie. Et, comme nombre de ceux qui sont atteints de la maladie d'Alzheimer, elle se souvient de chaque détail d'une existence qui remontait au début du siècle, du côté de Puteaux et de Courbevoie, « la patrie des repasseuses », ajoute-t-elle de sa voix gouailleuse. Sans transition le ton se fait grave :

— Je l'appelais « Ciel » parce qu'il avait les yeux bleus. Mon premier amour, peut-être le plus beau. Disparu le 15 août 1914, tué par la connerie de la guerre. La « der des ders », on disait! Ce jour-là, j'ai fait le serment de ne jamais me marier! Ciel en est témoin.

J'ai lu dans ses yeux malades une grande tristesse. Puis, après un léger tremblement, elle ajouta :

— Je ne l'ai jamais trahi. Ensuite, il fallut bien vivre! ajoute-t-elle. J'ai pris des leçons de sténo chez

Pigier, comme tout le monde. Vous m'imaginez dans un commerce, en secrétaire, tapant à la machine toute la journée ?…

Le sort aidera la jeune femme, qui n'avait pas froid aux yeux. Du côté des grands boulevards, un monsieur très élégant l'aborde. Elle n'est pas trop farouche, d'autant que Paul Guillaume a ses entrées dans les milieux artistiques.

— Tenez, lui dit-il, voici ma carte de visite. Allez voir de ma part M. Berthez, il dirige le théâtre des Capucines.

Le jour où elle se présente, Berthez répète une nouvelle revue.

— Vous savez chanter ?

— Ben oui, répond-elle.

Et elle entonne « It's a Long Way to Tipperary » !

À sa grande surprise, Berthez la coupe, s'écriant :

— Je vous engage ! Quel est votre nom ?

— Mon nom d'artiste ? demande-t-elle. J'aimerais que ce soit Victoire de la Marne.

Elle devient ainsi petite femme de revue. Son répertoire ? Voici un échantillon de ce qu'elle adore chanter :

Elle me botte, la jupe-culotte,

Les femmes n'ont plus peur qu'on les p'lote !…

— … C'était mon premier contact avec l'art !

Les revues se succèdent. Arletty, avec sa gouaille, son accent des faubourgs et son physique alléchant, attire à elle les regards de vedettes et de personnalités.

Des cocottes qu'elle jouait dans les revues, elle passe tout naturellement au théâtre.

— Et qui fut mon premier partenaire ? Je vous le donne en mille ! Carette, que je retrouve dans deux pièces, *Knock out* et *Cavalier seul*. Irrésistible Carette, qui venait d'obtenir au Conservatoire le deuxième prix de Tragédie ! Imaginez Carette en Néron ! Au second degré, ça devait être à mourir de rire ! Il était tellement drôle ! Un jour il est arrivé, fou de joie : « Figurez-vous que ma comptable vient de m'apprendre que je suis millionnaire ! Vous avez bien entendu : millionnaire ! Alors j'offre de la bière pour tout le monde !

Il faudrait lire ces phrases de Carette avec son accent, ce que faisait Arletty de belle manière. Laquelle me raconte ce que furent les débuts d'une comédienne que l'on imagine avec difficulté partenaire d'Arletty au théâtre : Gaby Morlay. Le mélodrame fit d'elle la madone des sanglots. Même dans la comédie elle savait pleurer.

— Figurez-vous, ajoute Arletty dans un éclat de rire, elle avait le blanc des yeux bleu !

Son nom grandit au fronton des théâtres. La belle vie ! Elle ne se prive de rien, le Tout-Paris lui appartient ! D'autant que les années 1930 voient ses débuts au cinéma. Elle enchaîne films et pièces de théâtre. Elle a pour partenaires des comédiens prestigieux : Michel Simon, Jules Berry… Concernant ce dernier, elle ne décolère pas lorsque j'insinue que, bien souvent, sa mémoire étant défaillante, il improvisait son texte :

— Jamais ! C'est faux ! hurle-t-elle. Au contraire il était très soucieux du texte, il n'a jamais improvisé. Ah, mais, la légende ne vaut rien !

Et Arletty de défendre Jules Berry avec une hargne étonnante. Dans le fond elle a raison, puisque Jules Berry était l'un des plus remarquables comédiens de son époque. Une maîtrise époustouflante, un cynisme exceptionnel face à Jean Gabin dans *Le jour se lève* de Marcel Carné, puis, du même Carné, un diable habillé en grand seigneur dans *Les Visiteurs du soir* marqueront le cinéma français. Oui, Arletty a raison de ne pas accepter la moindre réticence sur ce comédien d'exception.

Elle va tourner une trentaine de films dans les années 1930 sans pour autant délaisser le théâtre.

— Le théâtre c'est mon luxe, le cinéma mon argent de poche, affirme-t-elle.

La formule est brillante, mais considérer certains films comme argent de poche semble contraire à la réalité. Qui ne serait heureux de compter dans sa filmographie, outre *Le jour se lève* et *Les Visiteurs du soir*, trois Sacha Guitry (*Faisons un rêve*, *Les Perles de la couronne*, *Désiré*), mais aussi *Hôtel du Nord* et son « atmosphère », ainsi que *Les Enfants du paradis*. Quelle comédienne ne voudrait afficher à son palmarès ces chefs-d'œuvre ?

Décidément, Arletty ne s'est rendu compte de rien. D'ailleurs, sa dent est quelquefois dure, même cruelle. Sacha Guitry en fait souvent l'expérience. Pourtant, l'amitié entre le couple Guitry-Jacqueline Delubac et

Arletty est réelle. Ils voyagent ensemble, ils assistent à différentes réceptions à Vienne, en présence du chancelier autrichien, ils jouent les touristes à Venise… Devant la basilique Saint-Marc, elle lui balance à propos de sa pièce *Quadrille*: « C'est une connerie sans nom ! » Et lorsque l'adaptation cinématographique sortira, elle refusera d'aller la voir. Bref, elle a enchaîné les chefs-d'œuvre sans s'en apercevoir. Un chef-d'œuvre, une revue… Un chef-d'œuvre, une comédie légère…

Michel Simon fait partie de ses partenaires privilégiés. Juste avant le tournage de *Fric Frac,* il perd sa guenon Zaza. Sa peine est immense, il devient impossible à vivre. Arletty essaie de le réconforter, en vain. « Tu ne peux pas comprendre, lui dit-il entre deux sanglots. Zaza était plus qu'une maîtresse, c'était une femme ! » Et, au début des répétitions de *Fric Frac,* il s'adresse à Arletty et lui déclare : « C'est fou ce que tu ressembles à Zaza ! »… Une vraie déclaration d'amour ! Malgré le chagrin de Michel Simon, le film *Fric Frac* fait un malheur. Les critiques sont dithyrambiques : « Une grande actrice est née ! »… « Arletty est extraordinaire, absolument parfaite ! »… « L'argot, grâce à Arletty, devient le langage de la nature »… Sa gouaille parisienne fait merveille. Il faut dire qu'elle a cultivé son accent parigot, dont elle connaît l'efficacité.

— C'est vrai, dit-elle, l'accent permet de renforcer les effets comiques. J'ai fait en sorte de ne pas le perdre.

Sauf dans des moments de colère où je ne me contrôle pas, alors il fout le camp !…

Et elle ajoute :

— L'accent, si on fait vraiment attention, il est facile de le garder, de l'accentuer ou de ne plus l'avoir du tout. Raimu le supprimait quand il le désirait. Si vous l'aviez vu dans *Le Bourgeois gentilhomme*, à la Comédie-Française, vous auriez juré qu'il était un pur Parisien !

En matière artistique, ses goûts sont d'un rare éclectisme. Quand elle aime, elle le hurle. Lorsqu'elle déteste, elle ne s'applique aucune modération dans ses jugements. Bien qu'amie de Sacha Guitry, elle trouve une écriture qui lui retourne la peau dans la prose de Céline :

— Il écrit comme je parle.

Voyage au bout de la nuit l'a bouleversée. Elle retrouve l'atmosphère de son enfance, les berges de la Seine, les bateliers.

— Mon paysage ! s'écrie-t-elle. Et puis Courbevoie, les ouvriers, la vie des mécanos, celle qu'a eue mon frère, et encore la guerre 14-18, les massacres, la mort de Ciel…

Décidément, l'écriture de Céline, les onomatopées, la violence des mots, tout la subjugue. Quel langage ! L'argot utilisé par Céline, c'est le sien !

Le lendemain, je retrouve Arletty, toujours vêtue de son ensemble blanc. Elle attendait un rendez-vous, mais lequel ? Un grand carton collé sur le frigo indiquait qu'à 11 heures un ami frapperait à sa porte.

— Ah, c'est vous ! s'écrie-t-elle, presque joyeuse, en entendant ma voix.

Pour elle, j'étais la fin d'une énigme. Depuis son réveil, elle cherchait dans sa pauvre mémoire qui pouvait être le rendez-vous de 11 heures.

— Vous savez, me dit-elle, cette maladie est terrible. En dehors de Brialy qui vient tous les dimanches, je reçois très peu de gens. Seul Alzheimer me rend visite régulièrement.

Elle hurle de rire.

— Quel amour, ce Jean-Claude ! Nous allons déguster un poisson sur la place bras dessus bras dessous, comme deux vieux copains, et il me raconte les potins de Paris. Même les plus indiscrets.

Après un léger silence, elle ajoute :

— Il ne craint rien, il sait que deux minutes après j'aurai tout oublié !…

Et elle éclate à nouveau de son rire si sonore.

— Avouez que c'est drôle ! Si vous me demandez de parler d'*Hôtel du Nord*, je peux vous raconter pourquoi Henri Jeanson m'a écrit ce rôle. Et pourtant, depuis 1938 il en est passé, de l'eau, sous le pont Mirabeau !

Je saute sur l'occasion et lui demande de me parler d'*Hôtel du Nord*. Je savais que les vedettes du film de Marcel Carné étaient Annabella et Jean-Pierre Aumont. Au départ, tout au moins. Car, à l'arrivée,

Henri Jeanson trouva son inspiration avec l'autre couple, formé par Arletty et Louis Jouvet.

— Annabella était une immense star, à l'époque, confirme Arletty. Elle avait beaucoup tourné aux États-Unis, et c'est sur son nom que Carné put monter le film. Mais elle n'intéressa que médiocrement Henri Jeanson. Les grands sentiments, les « amour, toujours », ne faisaient pas partie de son langage habituel.

Effectivement, dans le roman d'Eugène Dabit, dont est tiré le scénario du film, Jeanson ne trouve que fort peu d'éléments positifs. Pas d'histoire intéressante, des personnages à peine esquissés. La seule chose qui lui plaisait était le canal Saint-Martin. Jeanson déclarait : « Le canal Saint-Martin, c'est Vlaminck ! » En fait, il lui fallait écrire l'histoire d'un couple habitant l'Hôtel du Nord. Un genre de fait divers.

Une fois trouvé un semblant de scénario avec Jean Aurenche, le problème des interprètes se posa. Carné imposait Jean-Pierre Aumont auprès d'Annabella. Jeanson questionna, avec son humour particulier : « Quels sont les spectateurs qui se passionneront pour un tel couple ? Peut-être les trouvera-t-on en Europe centrale, et encore avec des sous-titres ! » Après différentes tergiversations, l'affiche définitive devint celle que nous connaissons, avec Arletty et Jouvet, qui n'étaient ni l'un ni l'autre des vedettes de cinéma, et bien sûr le couple Annabella-Jean-Pierre Aumont. Mais, alors que l'on croyait le problème résolu, Carné se rebiffa : « Je ne veux pas d'Arletty, s'écria-t-il, elle n'est pas supportable, sa voix n'est pas enregistrable, elle déchire la pellicule. En plus, elle ne sait pas marcher. Elle a l'air d'une grande limande… »

Par bonheur, Carné dut s'incliner et il ne le regretta pas. À la sortie du film, la critique complimenta Arletty, dont chaque réplique écrite par Jeanson faisait mouche.

— Du sur-mesure ! s'écrie Arletty à ce souvenir. Le tournage a nécessité deux mois et demi et, en ce qui me concerne, seulement six jours. Mais quel dialogue !

Et, sans que je le lui demande, elle déclare :

— La tête sous le couperet, je ne vous la dirai pas, cette réplique, ce mot ne m'appartient plus.

— Mais vous pouvez l'écouter, ce mot ?

— Oui, bien sûr, dit-elle. « Atmosphère, est-ce que j'ai une gueule d'atmosphère ? »…

Et nous éclatons de rire tous les deux.

— Avouez, ajoute-t-elle, que ce mot est une trouvaille de poète ! À lui seul il vaut mille cinq cents pages de *Cyrano* !

Et Arletty de me montrer quelques documents rangés dans un tiroir de sa commode :

— Tenez, regardez, dit-elle en agitant une lettre. Vous vous souvenez que Carné me trouvait tous les défauts possibles ? Voilà ce qu'il m'a écrit lorsque la critique m'encensa : « Tu es l'âme du film. » Tu parles d'une âme ! Quant à l'Hôtel du Nord, défense d'y toucher. Les touristes font le déplacement pour le voir. À Paris, c'est une deuxième tour Eiffel !

Inutile de conter la Garance des *Enfants du paradis*, presque un monument national. Même la présence dans son lit d'un officier allemand pendant l'Occupation ne lui a pas retiré l'amour du public. Avec sa gouaille légendaire, elle déclara : « Je suis française, mais mon cul est international ! »

J'ai cité le nom de Jean-Michel Boris, qui a « bossé » pendant quelques décennies avant que tonton Coquatrix lui laisse les clés de la maison. Il a dû démontrer son savoir-faire et son intelligence pour que ses responsabilités puissent aller au-delà du gardiennage. Le petit neveu ressemblait fort au vilain canard qui devait nager en bout de course. Car, derrière le commandant, l'épouse et la fille lui barraient le chemin. Hélas pour ces dames, Jean-Michel était un obstiné, s'occupant des tâches ingrates avec une bonne humeur toujours intacte qui ne pouvait que décourager les oppositions. Et lorsque le capitaine cassa sa pipe, le vilain canard était le seul à bien connaître non seulement les artistes mais aussi les différents sujets qui auraient pu porter à controverse. Ainsi, il prit le commandement du navire. La logique, pour une fois, triomphait.

Jean-Michel Boris, en 1966, programma Jacques Brel. Ce fut le triomphe absolu. Vingt minutes d'acclamations clôturèrent sa dernière apparition à Paris. Les spectateurs, debout, refusaient de quitter la salle. Comme s'ils savaient qu'Amsterdam serait l'ultime port accosté par Brel, que Paris se devait de lui apporter, plus qu'à aucun autre, l'hommage d'une ville à celui qui partait en pleine gloire. Lorsque, vêtu d'un peignoir blanc, Jacques vint adresser un ultime salut, j'ai vu quelques larmes couler sur certains visages inconnus. Ils se savaient ce soir-là les témoins d'un fait rarissime : un homme qu'ils aimaient partait en direct vers un autre monde. « L'Abbé Brel », comme l'appelait affectueusement Georges Brassens, se tirait, avec une élégance encore inconnue dans ce métier.

Tout ne fut pas simple dans la carrière de Brel. L'une de ses plus belles chansons, « Quand on n'a que l'amour », fut composée en 1956. Pendant trois ans, le public l'ignora, la bouda. Il arrive de temps à autre qu'une première chanson trouve le succès. Ce fut le cas pour Claude Nougaro avec « Cécile, ma fille ». Ce fait est rare. Brel n'obtint qu'un succès d'estime. Pour le transformer en succès tout court, il travailla avec obstination, écrivit, composa avec son complice François Rauber.

Un jour, il me demanda s'il pouvait disposer d'un studio à Radio Monte-Carlo. Dans la bicoque qu'il avait acquise au bord de l'eau, près de Roquebrune-Cap-Martin, il me fredonnait ses nouvelles compositions. À l'époque, j'habitais Nice et me rendais à Monte-Carlo, où j'étais grand reporter. Sur le chemin, les haltes chez Brel furent des moments de vrai bonheur. Malgré la fumée de cigarette qui envahissait la petite maison (Jacques devait fumer trois paquets par jour), l'air était très respirable.

Le talent effaçait la nicotine ! L'enthousiasme apporté par Brel à sa nouvelle chanson avait besoin de lieux plus vastes. Il trouva dans le studio de RMC de quoi le satisfaire. De jour en jour, sa « Valse à mille temps » prenait son essor. Le rythme échevelé de la chanson paraissait avoir toutes les qualités pour conquérir le public. Je fus donc le premier auditeur très privilégié du premier succès de Jacques Brel. Il était temps que l'on connaisse enfin les chansons précédentes, dont « Quand on n'a que l'amour » et le superbe « Ne me quitte pas », qui n'allait pas tarder à être écrit. Il faut signaler que « Ne me quitte pas » fut composé en même temps que la « Valse à mille temps », et que même Jacques Brel ne croyait pas à son succès. Peut-être parce qu'elle était le témoin d'une rupture qui lui faisait très mal. Pendant cinq ans, Brel et Suzanne Gabriello vécurent de violents orages. La chanson qui ponctua cette liaison si intense fut une sorte d'offrande pour remettre le couple sur le bon chemin. « Oublier le temps des malentendus »... et plus loin : « On a vu souvent rejaillir le feu de l'ancien volcan qu'on croyait trop vieux »... Suppliques inutiles mais qui touchèrent le cœur du public.

Parmi les thèmes chantés par Brel, ce sont les déceptions amoureuses baignées de bons sentiments qui expliquent le surnom que lui a donné Brassens, « l'Abbé Brel ». Par bonheur, il sut ajouter une approche bien différente lorsqu'il fit appel à l'ironie dans ses compositions. Il revisitait alors toute une frange de la population, en particulier les bourgeois et les Flamands. Et il donna à l'ensemble de son œuvre une rare qualité, rehaussée par une interprétation exceptionnelle et la force qui se dégageait de ses passages sur scène. Il en avait conscience, puisqu'il m'avoua que « la chanson n'est ni un art majeur ni un art mineur. Ce n'est pas un art ! C'est tout petit, une chanson ! » Ce en quoi il avait tort. Et les discussions s'éteignaient au coucher du soleil.

Lorsque Barbara, la voisine d'Arletty, me fit entendre ses chansons que personne ne voulait enregistrer, j'étais déjà sûr que Brel avait tort. Les compositions de Brassens m'avaient déjà convaincu de l'importance que pouvaient avoir trois petites notes de musique... Le jour des obsèques de Louis Nucéra dans la petite église de Nice, lorsque la voix de Brassens se fit entendre dans la « Supplique pour être enterré à la plage de Sète », l'émotion qui s'empara de l'assistance fut telle que la beauté d'un texte et la pureté d'une musique n'auraient pu être remplacés par rien d'autre. Je dis bien par rien d'autre. Ni Mozart ni Bach n'auraient sonné plus juste que la « Supplique », rien n'aurait suscité plus d'émotion. Non, ce n'est pas tout petit, une chanson !

Dans le minuscule appartement où logeait Barbara, elle chanta « Nantes », « Dis, quand reviendras-tu ? », de réelles beautés inconnues du public. Pourquoi ? « Pourquoi personne ne veut de tes chansons ? » On la connaissait pourtant, Barbara. Elle passait dans un petit cabaret, L'Écluse, sur les quais de la rive gauche, où elle interprétait Brassens et Brel. Lorsqu'on parlait d'elle, on répondait : « Oui, on la connaît, vous voulez parler de cette dame en noir qui s'accompagne au piano… Elle n'intéresse personne ! » La connerie, toujours la connerie ! Moi, je ne veux pas savoir ! Et pendant ce long temps où l'incompréhension semble l'emporter, on est près de lui couper le téléphone et l'électricité. Les années de galère vécues par Barbara continuent.

Alors, travaillant à l'époque chez Philips, je convaincs un directeur artistique, puis la direction : « Il faut l'enregistrer ! » J'insiste, je me bats !

Et, lorsque le disque est prêt, chacun s'extasie sur la beauté des chansons. Mais son physique est trop ingrat, on ne peut l'imprimer sur la pochette… alors on choisit de mettre une rose et son nom, Barbara, ainsi que les titres de ses chansons. Rien d'autre, sinon l'essentiel.

Mais bientôt ses titres seront connus de tous. Les radios s'en régalent. Il y avait si longtemps que la vraie chanson ne triomphait plus sur les ondes. Merci, Barbara. Merci pour ta sensibilité, ton intelligence, ta voix ! Seule Europe n° 1 décida de la boycotter. Sans raison. Uniquement parce qu'un directeur de programmation l'avait décidé ! Un imbécile qui pensait avoir raison contre tous, un de ces innombrables idiots qui savaient, ou croyaient savoir, et à qui sa casquette de chef vissée sur le crâne donnait tous les droits. Le type même du connard prétentieux que l'on rencontre dans tous les milieux. Fernand Raynaud l'avait décrit dans son sketch : « Combien de temps met le fût du canon pour se refroidir ? » Après diverses réponses des troufions, la bonne réponse vient : « Un certain temps » !…

Donc, après deux années de bouderies, Europe n° 1 changea de tactique, un « certain temps » avait passé, et la décision de considérer Barbara comme une très talentueuse artiste fut prise en haut lieu. Le haut lieu s'appelait Lucien Morisse. Il dirigeait les programmes d'Europe n° 1 et avait la réputation d'avoir le pouvoir de faire d'un inconnu une vedette. Il mit quand même deux ans pour s'apercevoir que Barbara possédait un sacré talent. Et, comme on dit dans le jargon cycliste, il « changea de braquet ». Il fit d'abord en sorte de la connaître, d'exercer son charme sur elle et de gagner sa confiance. Puis il organisa un récital consacré à la chanteuse, avec une publicité telle que nul ne pouvait ignorer l'événement. En une seule soirée, il écrasa les autres radios dans l'esprit du public et de Barbara elle-même. À partir de cet instant, elle se persuada que Lucien Morisse était son plus fidèle allié et que sa consécration lui revenait en priorité. Bien joué, Lucien !

L'homme avait du talent, personne n'en disconvient. N'avait-il pas à son crédit l'éclosion d'une chanteuse venant d'Égypte et trouvée en Italie ? Dalida, dont Lucien Morisse était tombé amoureux, imposa son « Bambino » dans l'Hexagone en une saison, puis elle étoffa son répertoire, quitta son mentor et devint une vedette qui, aujourd'hui encore, possède ses inconditionnels. Les années passent, Dalida demeure. Bien après sa disparition, elle suscite le même engouement chez ses fans. Le phénomène n'est pas nouveau, il ne faut pas lui chercher des causes rationnelles.

D'une manière identique, Claude François est archi-présent dans les boîtes de nuit. « Comme d'habitude » et « Alexandrie » représentent pour les jeunes le rythme d'aujourd'hui, alors que ces compositions ont plus de trente ans d'âge. Ne cherchons pas à comprendre, d'autant que rien ne prouve que, si Dalida et Claude François étaient toujours vivants, ces deux vieillards posséderaient encore un attrait suffisant pour séduire la jeunesse d'aujourd'hui. Fermez les yeux quelques instants, écoutez « Alexandrie », et imaginez un vieil homme, le visage refait, la perruque d'un blond passé, esquisser trois pas de danse autour d'un essaim de filles tentant en vain de l'entraîner dans le rythme. Vite, vite, rouvrez les yeux pour que cette vision cauchemardesque cesse !

Mais revenons à Barbara. Elle en avait tant bavé dans sa jeunesse qu'il était bien normal que le destin opère un demi-tour, qu'après les épreuves endurées elle connaisse enfin les joies de la consécration. Ce public belge, en particulier, qui l'avait houspillée, insultée, qui lui avait lancé des projectiles, retournait à des sentiments diamétralement opposés. Et pourtant il s'agissait bien de la même Barbara, amaigrie certes, qui chantait ses propres œuvres au lieu d'interpréter Brel et Brassens.

Pourquoi la foule est-elle si versatile, pourquoi adore-t-elle un jour ce qu'elle condamnait la veille ? Le monde du spectacle n'est pas seul en cause. Souvenez-vous de Pétain acclamé quelques jours encore avant la Libération, place de l'Hôtel-de-Ville, à Paris, et quelques jours plus tard, au même endroit, les mêmes Parisiens saluent de Gaulle avec enthousiasme. Le comportement des gens ne présente aucune logique. Une idole peut être déboulonnée de son piédestal par les mêmes qui lui prêtaient allégeance. Les Mussolini, Ceausescu et autres dictateurs subirent le lynchage de la part de ceux qui les avaient installés au pouvoir. Ainsi va la vie, versatile !

Pour Barbara, ce bonheur nouveau fut accepté avec un détachement tout particulier. Cette revanche sur une vie difficile ne déclencha pas la moindre frénésie. Peut-être qu'un quart de siècle de vache enragée et d'incompréhension l'avait blindée. Tant d'années à chanter dans une grande solitude expliquent qu'enfin la réussite tant attendue, tant espérée, ne fit pas d'elle une chanteuse comme une autre.

C'est presque avec gravité qu'elle assuma son statut de vedette ; elle ne se lança dans la promotion d'elle-même et de ses chansons qu'après avoir étudié le parcours de celui ou celle qui l'interviewerait. Il fallait que l'interlocuteur lui convienne, par le sérieux de ses questions, qu'elle ne se trouvât pas face à des artistes dont le ton ne lui convenait pas. Bref, chaque sortie publique représentait une marche supplémentaire vers une réussite mâchée et remâchée des années durant.

Et, croyez-moi, ces quelques lignes reflètent la pure réalité. S'occuper de « L'Aigle noir » n'était pas une sinécure. J'ai souvent eu l'impression d'accomplir un sacerdoce. « Oh, tu ne vas pas te plaindre ? »… Je répondais qu'il n'en était pas question – ce ne fut que du bonheur. Un vrai bonheur, grave, sérieux, où la rigolade n'eut pas sa place.

Difficile à assumer, le vedettariat. Les têtes tournent sous les acclamations et le vertige compromet la réussite tant attendue. Souvent, les belles résolutions s'envolent au gré du vent du succès. Les amis deviennent des étrangers et la fête se fait avec ceux qui étaient inconnus hier encore.

Ainsi va la nature humaine, inconstante dans sa parole et inconsistante dans ses actes. Rares sont ceux qui demeurent fidèles tout au long d'une vie. Fidèles à un idéal ou à ses amis. Un ministre de l'Intérieur, il n'y a pas longtemps, n'a-t-il pas fait exactement ce qu'il reprochait en termes véhéments à un responsable de l'opposition ! Il semblait avoir oublié ses propres mots, ses injures, ses menaces. Les paroles s'envolent, devait-il penser. À moins, plus grave encore, que sa mémoire défaillante n'ait occulté ses propres réactions. Si encore il était seul à se contredire, mais non, et personne ne vient lui intimer l'ordre de fermer son caquet. Au contraire ! Un sondage vient de m'apprendre que, de tous les ministres, il est celui que les Français préfèrent.

Un autre palmarès nous indique que parmi notre population l'ex-joueur de tennis Noah est le plus aimé d'entre nous. Ce qui me fait penser à cette parole de De Gaulle : « Les Français sont des veaux… » Mais qu'ont-ils donc fait pour être rabaissés de la sorte, les veaux ?

Soyons sérieux, le Français n'est ni pire ni meilleur que l'Italien ou l'Anglais. Il est de la grande famille de l'espèce humaine, qui comporte cet étrange mélange de gens intelligents et d'idiots redoutables. Ce qui peut paraître étrange dans ce constat est que ceux qui dirigent le monde ne semblent pas briller particulièrement. Certaines périodes sont plus fastes que d'autres, c'est une évidence. Quels sont ceux qui ont pris la relève des Mauriac et Aron qui se lançaient leurs vérités à longueur d'hebdomadaire ? Qui a remplacé les Trenet, Brassens, Brel, Ferré, Ferrat ? Ce n'est pas être pessimiste que de poser ces questions.

Vous pouvez rétorquer qu'au siècle dernier les Daladier et Chamberlain ne valaient pas tripette. Considérant leur aveuglement face à la puissance nazie, dont il ne fallait pas être prophète pour comprendre qu'elle allait nous fondre dessus, et que depuis l'affaire Dreyfus l'antisémitisme n'avait fait que croître et embellir dans notre douce France. Ce pays où se posent des questions d'une profonde actualité, à savoir s'il est nécessaire d'inculquer la morale à l'école, alors que la moitié de nos rejetons pensent que de Gaulle n'est qu'une station de métro, ou bien, réforme essentielle, doit-on ouvrir nos écoles le mercredi matin au lieu du samedi ? Chaque fois qu'un nouveau ministre de l'Éducation nationale est nommé, soyez certain que ce très grave problème va se poser. Il faut croire que tout va bien à propos de questions aussi secondaires que le chômage et un toit pour chacun, billevesées face aux préoccupations de nos ministres, dont les préoccupations semblent se cantonner au ras des pâquerettes…

Par bonheur, j'ai connu quelques amis dotés d'une hauteur de pensée plus élevée, qui savaient reconnaître le talent, mettaient en valeur les qualités de l'autre et rendaient hommage au courage et à la droiture d'esprit. Ces amis firent le bonheur de ma vie. Je n'ai jamais eu, grâce à leur présence, la moindre crainte dans mon existence. Je me savais comme protégé par une puissance, non pas religieuse ou provenant d'une secte quelconque, mais indestructible parce que façonnée entre des êtres qui ont cru en eux.

Souvent, très souvent, lorsque j'évoque l'amitié que m'ont accordée Joseph Kessel ou Romain Gary, j'entends mon interlocuteur dire : « — Quelle chance tu as eue ! », je me rebiffe : « — Non, le mot "chance" est mal choisi. Combien sont-ils les journalistes qui, comme moi, ont assisté à la conférence de presse de Joseph Kessel ? Ils ne se sont intéressés qu'au sujet qui les préoccupait, puis ont précipitamment quitté le lieu où se trouvait celui qui était l'exemple même de leur profession. Ils ne se sont pas posé la moindre question sur la vie, l'épouse, le futur livre de Kessel. Ils n'ont pas cherché plus loin l'intérêt que représentait, face à nous, le journaliste fascinant dont chaque reportage faisait augmenter de 100 000 exemplaires les ventes du quotidien qui le publiait. Joseph Kessel, l'honneur de sa profession, se trouvait face à moi, et j'en avais des frissons. Lorsque j'ai été le dernier à l'interroger, il m'a demandé : "Que fait-on à Nice le soir ?" J'ai compris qu'il était seul et disponible et que ma vie allait changer. »

Car la présence près de moi d'un homme d'une telle qualité ne peut que vous faire voir la société d'un œil nouveau. Et j'ai aimé Jef comme on aime un père, avec respect et disponibilité. Chaque matin pendant vingt ans je l'ai appelé au téléphone, à 10 h 15, simplement pour entendre sa voix, enjouée ou fatiguée. Je lui parlais de mes projets, de mes idées, me souciais de tous ses problèmes de santé, l'accompagnais dans ses démarches. En un mot comme en cent, l'un et l'autre possédions ce don si rare, celui de l'amitié.

L'amitié est peut-être le plus beau des sentiments, le plus pur, le plus désintéressé. Il ne peut y avoir aucune recherche d'intérêt dans l'amitié. Seul le plaisir compte, celui de rendre service à l'autre, de s'inquiéter de ses problèmes et d'être à ses côtés lorsqu'il en a besoin. C'est un sentiment qui enrichit l'homme, qui peut le ruiner. D'une trahison, il est difficile de se remettre. Plus l'amitié est forte, ancrée par des liens dont l'âge peut témoigner, plus la déception se mesure en jours de larmes. Je n'en parle pas par le fait du hasard. Autour de Joseph Kessel, nous étions cinq amis qui naviguions dans le bonheur. Tous les cinq, nous le considérions comme un père. De ce fait, le jour où il nous quitta fut marqué par une tristesse collective.

Quelque temps après, mes nuits furent consacrées à Jef. Dans mes rêves, vivant à mes côtés, sa voix commentait mes activités du jour. Chaque matin à l'heure du petit-déjeuner, je racontais à ma femme mon aventure kesselienne. Si bien qu'une nuit, vers 3 heures, je mis le pied par terre et commençai à écrire. C'est ainsi que *Rêver Kessel* fut composé à la lumière des choses de la nuit. Reflétant divers événements vécus avec Jef, le récit s'envolait vers l'improbabilité d'un rêve. L'un des cinq amis, après la réception de l'ouvrage, m'asséna dans un courrier les plus belles injures jamais reçues par un auteur. Parlant de « haut-le-cœur, d'écriture avec ketchup », cette lettre me laissa anéanti. La haine transpirait à chacune des phrases d'insulte. Pourquoi ? Qu'avais-je produit, à partir de la personnalité de Kessel, comme mensonges pour mériter cette punition ? Avais-je donné une image vulgaire de cet homme que j'ai toujours respecté ? Je ne trouvais aucune réponse à ces questions. Seule une jalousie maladive devait avoir guidé la plume de cet ex-ami. Ce fut en tout cas la seule conclusion apportée à cette trahison.

Faut-il pardonner ? Vaste question à laquelle une seule réponse ne peut suffire. Un exemple me revient en mémoire. Je déjeunais chez Lipp avec mon ami Romain Gary. Il venait de faire paraître *Au-delà de cette limite votre ticket n'est plus valable*, l'histoire d'un homme condamné à perdre sa virilité. Une certaine critique s'était réjouie en comparant l'auteur et le héros du roman. « Bien sûr, hurlait-elle, Gary est devenu impuissant. Il ne peut plus bander ! » Plus que des allusions, ces critiques affirmaient. Ils savaient et se faisaient un plaisir, une joie, de livrer la nouvelle à leurs lecteurs. Romain Gary assistait à cette revanche des médiocres en mâchant son cigare. Silencieux. Soudain il vit entrer dans la célèbre brasserie l'un des haineux qui avait signé un papier dans *L'Express*. En deux mots le critique y stigmatisait le pauvre Gary, dont l'impuissance physique faisait peine à voir, qui inspirait presque la pitié. Je vis alors Romain se lever avec une tranquille assurance, se diriger vers l'auteur des lignes ignominieuses, s'arrêter face à lui et, sans prononcer la moindre parole, lui décocher une paire de baffes, puis se retourner et revenir s'asseoir avec le même calme. Je le regardai dans un grand silence ; celui-ci fut interrompu par Romain Gary lui-même qui me fixa droit dans les yeux et me déclara : « Ça ne sert à rien, mais ça fait du bien ! »

Lorsque la critique littéraire décida que Gary n'avait plus rien à raconter, que son style désuet n'intéressait plus personne, elle blessa si profondément l'honneur et l'amour-propre de Romain que celui-ci la confondit en inventant un autre écrivain – Émile Ajar – doté d'un style différent et dont les personnages devinrent d'emblée des héros populaires. Prouesse exceptionnelle ! Le matin, Gary était assis devant son nouveau manuscrit. L'après-midi, Ajar écrivait une autre histoire. Parallèlement Romain Gary rédigeait deux romans, surfant sur les difficultés, virtuose des mots, inventeur de situations, magicien expert en personnages, les abandonnant le matin pour redonner vie l'après-midi à d'autres héros, avec un style et un langage différents.

Ticket gagnant ! Jackpot ! Personne ne découvrit la réalité des faits. Rue du Bac, Romain Gary dansait sur des airs de la connerie universelle. Mais il dansait seul, ne pouvant partager sa joie avec ses amis. À force de se réjouir en solitaire, l'humeur devint moins joyeuse. Gary était toujours attaqué par les « spécialistes » et Ajar toujours encensé par les mêmes. Lui, le guerrier, ne pouvait pas gueuler, il avait poussé son jeu trop loin. Il ne put le faire que dans son livre posthume : *Vie et mort d'Émile Ajar*. Peu à peu, son caractère se rembrunit. Il ne pouvait que montrer ses déceptions et cacher ses joies.

Il me demanda un jour de venir le voir rue du Bac. Son visage était défait. Il hésitait sur les mots, marchant avec nervosité dans son salon. Brusquement, il me fit face et me fit promettre de garder cette conversation secrète. Le ton était grave, presque solennel. Toujours debout, il me regarda longuement, puis d'une voix légèrement éraillée par l'émotion, prononça trois mots :

— Ajar, c'est moi !

Je ne savais que répondre. Le silence se fit, très long. Je voulais éviter les banalités du genre : « Oh ! c'est bien ! » ou, pire : « Je m'en doutais. » Romain enchaîna donc :

— Tu comprends, mon vieux, si les gens savaient, je serais mis au ban de la société. Deux fois le Goncourt ! On m'accuserait d'être un voleur !

Il était comme un boxeur sur le point d'être mis KO. Sa voix chancelait, ses yeux s'embuaient de larmes. Sa main, légèrement tremblante, chercha un appui. Épuisé, il se laissa tomber dans le creux d'un fauteuil. Soudain, il s'écria :

— Je n'en peux plus de garder cela en moi ! Il fallait que je le dise, tu comprends ? Seul mon avocat est au courant. Maintenant, toi aussi tu sais.

Nous restâmes assis un long moment sans rien dire. Son regard semblait perdu. J'essayai de trouver les mots qui pourraient l'apaiser, le tranquilliser. Mais ce n'était pas de cela qu'il avait besoin. Il attendait la reconnaissance. Être reconnu comme un écrivain, grand parmi les grands.

— Si l'on savait, ajouta-t-il, que Gary et Ajar sont la même personne, je serais prix Nobel !

La voilà, la vraie souffrance qui le minait. Les honneurs, il connaissait. Compagnon de la Libération, décoré de la Légion d'honneur, prix Goncourt, il avait été loué, félicité, embrassé par des soldats, des ministres et des écrivains. Aujourd'hui, il lui fallait plus. Et il m'appelait au secours pour crier sa peine. Personne ne pouvait l'aider dans cette épreuve où il s'était enfermé lui-même. Je compris, ce jour-là, que la grande tristesse qu'il affichait n'irait qu'en s'aggravant. Chaque nouveau livre signé Ajar serait comme une autre morsure dans son orgueil blessé. Tous les bonheurs qu'il avait connus, les femmes qu'il avait aimées, les succès qui l'avaient rendu célèbre, allaient bientôt s'effacer pour laisser place à une profonde neurasthénie dont il lui serait difficile de sortir.

Quelques jours plus tard, je reçus un appel téléphonique de Romain :

— Organise-moi un déjeuner avec Joseph Kessel. Ça fait un siècle que je ne l'ai vu !

J'en parlai à Jef, heureux de retrouver ce vieux compagnon perdu de vue depuis si longtemps. Mais pourquoi une aussi longue parenthèse dans leurs relations, inexplicable lorsqu'on connaît la profonde amitié qu'ils éprouvaient l'un pour l'autre ? Tout bêtement à cause de Michèle, l'épouse de Jef, qui ne nourrissait pas les mêmes sentiments envers Romain. Les problèmes succédant aux problèmes, Kessel avait préféré faire l'impasse et ne pas ajouter un nouvel élément de dispute avec sa femme, que l'alcoolisme rendait souvent agressive.

Le déjeuner eut lieu chez Baumann, avenue des Ternes. L'émotion que suscita cette rencontre entre deux complices dont les souvenirs remontaient à Londres, auprès du général de Gaulle, fut immense. Ils s'étreignirent comme deux frères séparés depuis trop longtemps, se firent des compliments sur la mine affichée par l'un et par l'autre, et sur l'âge qui n'avait pas de prise sur eux. Ils se souvinrent, avec rires et émotion, d'aventures, de batailles, de copains ou de femmes qui avaient forgé leurs vies. Je les regardais, tour à tour, ces compagnons de guerre et de joie. Ces deux hommes, venus de la Russie profonde, qui se sont mis en péril au service de De Gaulle et écrivirent quelques-uns des plus beaux livres de leur génération, étaient face à moi, témoin privilégié de ce qui allait être leur ultime rencontre. La photo que j'ai dans la tête n'est pas jaunie par le temps. Il me suffit de me plonger dans le silence pour la voir apparaître.

Romain et Jef vénéraient de Gaulle. Romain reconnut en lui le père qu'il n'avait jamais eu. Les hypothèses sur la véritable personnalité du père de Gary ont couru jusqu'à sa mort. Était-ce cet homme qui a disparu dans les camps nazis et qui s'appelait Kacew ? Ou bien le grand comédien russe Ivan Mosjoukine ? Peu importe ! Romain a su entretenir un flou qui lui permettait de souffler, de temps à autre, sur des braises incandescentes. Lorsque le destin lui permit d'entrevoir celui qui fit basculer sa vie, il sut que cet homme serait son guide. D'abord parce que avoir un idéal, et y rester fidèle, n'est pas chose courante. Ensuite parce que de Gaulle avait un style, pour se mouvoir, pour parler, pour écrire. Enfin parce que le Général savait trouver des accents que seuls les comédiens d'exception peuvent se permettre d'utiliser.

Gary était un être d'humour. Entre autres qualités. Dans les rencontres en tête à tête avec de Gaulle, il appréciait l'ironie avec laquelle le Général bouclait un entretien. Ainsi, Gary connaissait ses qualités et ses défauts. Il savait, en tant que pilote d'avion, qu'il n'était pas coté parmi les meilleurs. Et chaque soir, lorsque les aviateurs rentraient, leur mission accomplie, on faisait le compte des dégâts. Tel pilote revenait blessé, tel autre avait disparu à l'issue d'une bataille aérienne. Les visages se fermaient lorsqu'il était certain qu'Untel serait définitivement absent. Romain Gary sentait le danger le menacer. Même dans des moments aussi dramatiques, de Gaulle maniait l'humour. Un soir où Gary semblait particulièrement affecté, de Gaulle s'approcha de lui et, sur un ton amical, lui dit : « Ne vous faites pas de souci, Gary. Vous savez bien que ce sont les meilleurs qui partent. »

Toutes ces qualités réunies en un seul homme comblaient Romain. Pour lui il devint diplomate et porte-parole de la France aux Nations unies. Ainsi, le petit garçon qui naquit à Vilna suivait les prédictions de sa mère possessive : « Tu seras ambassadeur, mon fils. Et toutes les femmes t'aimeront. »

Elles furent quelques-unes à l'aimer. Mais le piège se referma lorsque Jean Seberg tomba dans ses bras. Il en fut follement épris, continua à l'aimer après leur séparation, et crut mourir de chagrin lorsqu'elle disparut.

Jean Seberg était devenue l'égérie des Black Panthers. Aux États-Unis, cette position était, à l'époque, vigoureusement combattue par le pouvoir politique. Le FBI mit en place un plan pour discréditer la belle actrice. Il fallait la salir, la souiller, afin de diminuer son influence et sa respectabilité. Dans ces cas-là, les flics, qu'ils soient américains ou français, n'y vont pas par quatre chemins. Le FBI lança les informations les plus perverses, rogna peu à peu le crédit de Jean Seberg et usa du même coup ses nerfs. Qui peut résister à un régime quotidien d'insultes ? Jean, qui était enceinte de son deuxième enfant, craqua. Elle fit une dépression nerveuse et mit prématurément au monde une petite fille qui ne vécut que deux jours.

À chaque anniversaire de ce drame, Jean Seberg était en dépression. Jusqu'à l'année fatale où elle se suicida.

Le malheur de Romain n'avait d'égal que sa colère. Il convoqua la presse et fit une annonce en forme de déclaration de guerre, accusant le FBI de crime. Le lendemain, un quotidien parisien titrait : « Romain Gary ne sait décidément plus que faire pour se mettre en vedette. » Lorsque Romain lut cet article, il s'effondra. Au téléphone, il me fit part de sa tristesse. J'accourus rue du Bac. Il était en larmes.

— Suis-je un salaud ? me demanda-t-il. Si j'ai fait cela, c'est pour mon fils, pour Diego, pour son honneur. Dis-moi, suis-je un salaud ?

Profondément ému, je lui répondis :

— J'aurais aimé avoir un père comme toi. Je suis fier d'être ton ami.

À mensonge, mensonge et demi. Peu à peu l'incompréhension s'installe. On ne se comprend plus. Dans le couple, la séparation et le divorce deviennent le prix à payer. En politique, il n'en va pas de même. Lorsque le doute s'installe, les généraux émettent leur opinion. Un cataclysme peut alors survenir. Voir Israël et la Palestine, voir également l'Irlande où les protestants viennent défiler dans les quartiers catholiques afin de célébrer une victoire datant du Moyen Âge. Voir l'Égypte où les morts se succèdent par milliers près des Pyramides, chef-d'œuvre d'une civilisation disparue. On croit rêver. L'homme est bête. L'homme aime se battre. Il construit des armes plus sophistiquées de jour en jour.

L'homme, lui, se réserve le rôle du bourreau. Rôle tenu depuis l'origine des temps. Plus près de nous, il organisa la Shoah. Une mécanique implacable, une machine destinée à tuer le maximum de gens en un temps record. Bien sûr, il y eut quelques « ratés »... Voici trois exemples d'individus qui ressortirent vivants face à une organisation dont la cruauté fut le maître mot.

Le plus âgé des trois hommes dont je vais vous raconter l'histoire s'appelait Léon. Il était viscéralement peureux. La moindre étincelle provoquait chez lui des accès de panique. Il vivait à Perpignan et, dès que les nazis envahirent la zone Sud, il se réfugia dans une petite chambre mansardée qu'il n'a pas quittée durant deux années entières. Les persiennes fermées, il a vécu reclus dans le noir total, nourri par une brave femme qui lui montait un plateau chaque jour vers 12 h 15. La peur l'avait tétanisé. Il s'était autoemprisonné. Vint le jour de la Libération. Il entendit des cris, il en fut averti : « Monsieur Léon, les Allemands partent ! Nous sommes libérés ! » Fou de bonheur, il se précipita vers la fenêtre, il ouvrit les persiennes fermées depuis tant de temps, fut ébloui par la lumière du jour qu'il avait oubliée, leva les bras en signe d'allégresse, et là, il reçut en pleine épaule une balle perdue tirée dans leur déroute par les soldats de la Wehrmacht. Il s'écroula en criant : « Vive la France ! Vive la liberté ! » À l'hôpital, on lui retira la balle qu'il conserva, jusqu'à sa mort, comme un trophée.

Le deuxième personnage dont je voudrais vous parler vivait à Marseille. Il s'appelait Michel, c'était un bon vivant. Il aimait s'amuser et, malgré la présence des Allemands, il allait danser le samedi. Malheureusement, il fut pris dans une rafle organisée conjointement par des policiers français et des soldats allemands. Il fut jeté dans un camp où croupissaient une centaine d'hommes et de femmes : Juifs, Arméniens, résistants… Leur sort à tous paraissait tracé. Michel savait que l'on gazait les prisonniers, il connaissait l'existence des camps de la mort, ce que semblaient ignorer nombre de fonctionnaires ayant travaillé pour le régime de Vichy.

Ces malheureux furent transportés dans des camions et déversés en gare de Marseille. Sur l'un des quais tout spécialement aménagé, ils furent fichés puis expédiés dans des wagons à bestiaux. Les soldats en armes empêchaient toute résistance. Chacun, à son tour, se présentait face à un officier assis devant une table, qui répertoriait ces pauvres bougres. Vint le tour de Michel. Il tendit ses papiers d'identité. L'officier allemand les regarda et le dévisagea longuement. Michel ne put soutenir ce regard ; il devait avoir l'attitude d'un chien qu'on mène à l'abattoir. Soudain, il entendit : « Vous, mettez-vous ici ! Attendez ! » Le sordide défilé continuait dans un silence de mort, des hommes et des femmes étaient poussés dans le train du cauchemar. Michel, toujours debout près de l'officier, ne savait quelle sentence il allait entendre. Quel sort lui serait réservé ? Il en arrivait presque à envier ces condamnés qui pouvaient sentir, blottis les uns contre les autres, un restant de chaleur humaine. Enfin l'horrible suspense prit fin. Il restait seul face à cet officier, et il entendit sa voix. Avec un accent germanique normal, la voix disait : « Vous, je ne peux pas. Vous ressemblez trop à mon père. Allez, *raus* ! Partez ! »

Croyant que ces paroles s'adressaient à un autre, il ne fit pas un geste, n'esquissa pas un pas. Il était sûr d'avoir rêvé. « Allez ! *Schnell* ! Partez ! »... Il partit alors à pas lents, littéralement assommé. C'était trop d'émotions pour un homme. Son cœur se mit à battre avec violence, il n'arrivait pas à croire qu'il était vivant.

L'expérience vécue par mon troisième personnage dépasse le stade de la peur. Ce qu'il éprouva, c'est de la terreur. Un jour d'été à Nice, en 1943, il connut cette terreur, comme dans les grands films d'horreur lorsque le spectateur, cloué sur son siège, ne peut retenir un cri d'effroi.

Sam allait tranquillement chercher des faux papiers dans le paisible quartier des musiciens. Des rues calmes, peu de commerçants, de rares passants. Sam avait besoin de ces papiers pour échapper aux contrôles de la police allemande et se rendre en Italie où des amis l'attendaient. Le lieu où Sam se rendait était une petite impasse qui débouchait dans la rue Gounod. Au fond, il devait descendre trois marches, puis toquer à la porte suivant un code. Il avait déjà dépanné quelques résistants et, ce jour-là, c'était pour son propre compte qu'il effectuait la démarche. Il arrive donc rue Gounod, il scrute l'horizon, personne. Soudain une voiture débouche d'un croisement, une sinistre traction avant noire comme celles qu'utilisaient habituellement les gens de la Gestapo. Les battements de son cœur s'accélèrent, Sam s'efforce de ne pas changer la cadence de ses pas. Du moins en apparence, il faut se montrer calme. Arrivée à sa hauteur, la voiture continue son chemin. Sam a besoin de temps pour décompresser. Pour cela, il fait le tour du pâté de maisons. Puis, après avoir jeté un rapide coup d'œil alentour, il s'engouffre dans l'impasse. Personne. Tout va bien. Il descend les trois marches et toque à la porte suivant le code. Elle s'ouvre. Face à Sam se dresse un soldat allemand. L'officine avait été repérée et la Gestapo attendait les clients. Là, c'est le cri de terreur. Le cauchemar soudain, que rien ne laissait prévoir. La veille encore il avait déposé des documents dans ce même lieu. Que faire ? Sam ne se pose pas de question. Ses réflexes vont fonctionner. Il fait demi-tour, il avale d'un bond les trois marches et il se met à courir dans l'impasse, comme un fou. Un lièvre facile à tirer pour un soldat. Sans doute l'effet de surprise a-t-il joué dans les deux sens car l'Allemand ne fait pas usage de son arme. Et Sam court, il court, persuadé que dans les secondes à venir une balle lui fracassera le dos.

Depuis longtemps déjà il avait dépassé la rue Gounod, et il courait toujours. Il ne s'est pas retourné une seule fois. Mais où trouva-t-il la force et le souffle ? La machine humaine possède des ressources insoupçonnées. Une question de vie ou de mort, et la mécanique s'emballe. Sam a couru deux heures durant avant de terminer son marathon épuisé, physiquement, nerveusement. Il fut incapable de retrouver sa respiration pendant quarante-huit heures. Il s'est dit ce jour-là qu'il était un miraculé.

Les histoires de famille sont le plus souvent tristes. L'argent gâte les sentiments et le côté sordide prend le pas sur toute autre considération. À l'occasion d'un deuil, combien de frères, de sœurs se sont immédiatement fâchés en sortant de chez le notaire !... Ainsi va le monde, pris de soubresauts dès que l'intérêt de l'un est menacé au profit de l'autre. Avez-vous un jour assisté à une réunion de copropriétaires ? Là se situe le microcosme de notre société. Vingt personnes, qui se parlaient la veille avec une certaine dignité, se trouvent brusquement changées en dragons, en harpies. Les noms d'oiseaux volent, le voisin devient l'ennemi. Bref, des gens polis sont devenus, pour des détails qui n'intéressent qu'eux-mêmes, des énergumènes déchaînés.

Comment voulez-vous que le problème des relations humaines ne se pose pas sur le plan politique ? Que les tensions n'augmentent pas sous les arguments spécieux des adversaires ? Que la moindre anicroche soit, en fait, susceptible de plonger un pays dans une crise funeste ?

Pourquoi le mensonge devient-il un fait anodin ? Pourquoi un homme politique profère-t-il des paroles qui vont à l'inverse de ses convictions ? Que de questions – auxquelles il est facile de répondre. Il suffit de se souvenir de cette maxime : « Les paroles n'engagent que ceux qui les écoutent. » Tel doit être le raisonnement dans la plupart des ministères.

Sur l'alcoolisme.

Un ami vivait en Espagne et ingurgitait chaque nuit plusieurs bouteilles : du vin, du whisky, du champagne, peu lui importait. Au petit matin, ses amis le ramenaient chez lui. Il vivait seul, alors, dans une petite chambre meublée. Souvent il devait changer de domicile car les voisins ne pouvaient supporter le vacarme qu'il faisait chaque jour. Roberto avait plongé dans l'alcool avec frénésie.

Avant cela, il avait fait de brillantes études. Il faisait preuve de réels dons pour l'architecture. Un jour comme les autres, il rentra chez lui en chantonnant. La vie lui paraissait belle, à l'époque. Sa fiancée l'attendait dans son appartement du troisième étage, près des *ramblas*. Il avait en poche deux places pour la corrida du dimanche. Elle en serait heureuse. Sur la table du salon se trouvait un mot placé en évidence. Souvent Marietta lui laissait un billet, pour lui dire : « Je t'aime. » Ce jour-là, Roberto ouvrit la lettre en sifflotant et il lut : « Ne cherche plus à me revoir. Je pars dans un pays étranger. »

Ce fut comme un mauvais mélo, lorsque ce mélo vous tombe sur la tête sans que rien l'ait laissé pressentir et qu'aucune solution logique ne s'offre à vous… Roberto tourna en rond, il échafauda mille hypothèses, il téléphona à tous ceux qui connaissaient Marietta. Le vide absolu ! Pas l'ombre d'un renseignement, d'une explication. Le soir venu, désemparé et furieux, il crut devenir fou de tristesse. Il ne comprenait pas. Il se rendit dans un bar. Commanda une tequila ! Une autre ! Mais où peut-elle être ? Avec un autre homme ?… Sûrement. Il cassa quelques verres, il but, rebut, et il entra dans la spirale infernale. Au bout de quelques mois, Roberto était devenu une éponge. Il n'absorbait que de l'alcool, il ne s'alimentait plus. Ses amis complotèrent afin de lui sauver la vie. Ils l'emmenèrent au Mexique pour qu'il se change les idées. Comme s'il avait envie de se changer les idées ! Il ne savait même plus pour quelle raison il buvait ! Il ne se rappelait même plus qui était Marietta. Ses amis avaient loué une maison isolée dans les sables, dans le désert mexicain. Ils y transportèrent du linge et de la nourriture et laissèrent là Roberto, seul.

— C'est pour ton bien ! Ici tu seras obligé de te désintoxiquer. Nous reviendrons.

Lorsqu'ils partirent, Roberto tourna longtemps comme un lion en cage. Il était seul, l'horizon était gris, personne ne pourrait venir lui apporter la moindre goutte. Il se révolta, il n'acceptait pas la décision de ses amis. Si un jour il devait cesser, ce serait par sa propre volonté, non pas par celle des autres. Il s'arrêta, réfléchit, et l'idée jaillit. Il fit une entaille au cœur de la plante qui se trouvait au milieu du jardin. C'était un cactus. Il recueillit la sève avec précaution, la fit macérer et ajouta du sucre. Deux jours plus tard, il avait fabriqué de l'alcool de cactus. Il avait gagné. Contre le désert, contre la logique, la bonne et saine logique de ses amis. Et lorsque ces derniers revinrent le voir, ils découvrirent un homme rayonnant.

— Salut, *amigos* ! Vous voulez prendre un verre ? Tenez, allez les chercher, ils sont dans l'armoire.

Il avait décidé de guérir seul.

Il entendit parler des Alcooliques anonymes, une association composée d'anciens alcooliques qui viennent au secours de ceux qui en ont besoin. Il rentra à Paris et, plus tard, il dirigea ce centre avec une générosité et une disponibilité de tous les instants.

Jacqueline Baudrier fut ma patronne. Pour la première fois, une femme devait guider mon action. Le souvenir des trois années passées à la direction de la première chaîne de télévision sous sa direction demeure en moi comme l'une des expériences les plus enrichissantes de ma vie.

Au côté de Jean Drucker, qui fut son directeur de cabinet, j'ai pu diriger les programmes sans le moindre obstacle de sa part. Chaque soir vers 19 heures, je me rendais dans son bureau afin de faire le point. Ce qui me frappait dans son comportement, c'était la douceur de sa voix. Jamais, quelles que soient les circonstances, je n'ai entendu la voix de Jacqueline s'altérer. Son autorité provenait de son calme, de l'assurance qui se dégageait de ses propos. Certains poussent des cris, s'énervent, elle, c'était l'inverse. Plus le brouhaha s'intensifiait, plus sa voix imposait le silence.

L'une des grandes réussites de la chaîne fut l'émission du dimanche à 12 h 30, le « Show Salvador ». Au départ, c'était un pari impossible. Faire treize « Shows Salvador », alors que celui-ci n'arrivait pas à mettre sur pied un seul spectacle pour le soir, était ridicule, pensait-on.

Salvador devait s'y déguiser à chaque fois en un animal tiré d'une fable de La Fontaine. Malgré toutes ces difficultés, nous réussîmes nos treize émissions. Henri Spade, qui dirigeait la Société française de production, appelait chaque semaine pour annoncer que l'émission du dimanche ne pourrait avoir lieu, des difficultés techniques en empêchant la réalisation. Eh bien, l'oiseau de mauvais augure n'eut jamais raison, et treize « Shows Salvador » furent diffusés, pour la plus grande satisfaction du public, puisqu'il me semble me rappeler que l'indice de satisfaction était de 99 sur 100.

Il est bon de parler de Jacqueline Baudrier, décédée maintenant, et dont plus personne n'évoque le nom ni la réussite magnifique. C'est elle qui, lorsqu'elle fut présidente de Radio France, institua les radios locales, et ce n'est pas rien ! France 3 devrait lui rendre un hommage très particulier.

Dans les difficultés où se débattent aujourd'hui les dirigeants de notre télévision nationale, Jacqueline Baudrier, avec son calme, son bon sens, trouverait le chemin de la réussite. Les personnalités qui possèdent un don réel sont nombreuses en France. Il suffit de gratter les listes pour voir apparaître des noms qui changeraient nos vieilles habitudes.

Pour remplacer les animateurs habituels, leurs cris, leurs automatismes et leur vulgarité, Jacqueline

Baudrier trouverait aisément ceux qui pourraient contenter le plus grand nombre, non par la facilité, mais par le talent.

Connaissez-vous Françoise Coquet ? Non, et pourtant depuis plus de quarante ans, c'est elle qui prépare avec soin et talent l'émission hebdomadaire de Michel Drucker. Nous étions en 1971 et, au côté de Jacqueline Baudrier, je dirigeais les programmes de la première chaîne de télévision. À l'occasion de la refonte des programmes du dimanche après-midi, nous avons créé l'émission « Sports en fête ». Guy Mardel (« N'avoue jamais ») fut d'abord pressenti pour présenter l'émission. Or, ayant vu un jeune animateur nommé Michel Drucker dont le sourire, la facilité d'élocution et la connaissance du sport m'avaient séduit, j'insistai pour que nous changions notre fusil d'épaule. D'autant que ledit Drucker avait déjà brillé dans une émission de variétés présentée par Michèle Arnaud.

Jacqueline Baudrier se rendit à mes arguments, et c'est ainsi que, malgré les menaces de procès de l'épouse de Guy Mardel, « Sports en fête » vit le jour. À ses côtés, Michèle avait déjà comme collaboratrice immédiate Françoise Coquet. Depuis, celle-ci n'a pas manqué une seule émission signée Michel Drucker. Un bel exemple de fidélité à l'heure où, dans le monde de la télévision, le mot « trahison » est devenu si banal.

Petit papier en colère.

Ayant vu un article dans *Le Monde*, intitulé : « Sur France 2, innover tout en économisant », j'ai allumé ma télé. Il était 19 h 30. Curieux de voir enfin de l'innovation, je me demandais quelle était la bonne surprise réservée par le directeur de la chaîne. Allait-on enfin sortir de ces jeux où le seul intérêt est de gagner des euros, où le Nagui de service rirait de ses propres gags, où des candidates ignorent que Bastia se trouve en Corse et non dans le Massif central, où des jeunes femmes totalement hystériques gagnent de petites fortunes ?… Rien de tout cela n'est malheureusement arrivé ! Un nouveau jeu a remplacé le jeu précédent, l'animateur est toujours le même, Nagui, qui doit avoir trois ou quatre émissions sur les chaînes du service public. L'incontournable Nagui, qui doit être le seul, l'unique, et qui réussit à évincer ses possibles concurrents, qui perd « Taratata » pour regagner aussitôt un nouveau jeu !

Ainsi va notre télé nationale, dont les budgets diminuent chaque année et à qui on demande d'innover. Malheureusement, l'imagination n'est pas au pouvoir, et aller vers le plus facile pour « plaire au plus grand nombre » s'impose. Pour nos dirigeants tout au moins.

Pendant ce temps, je suis persuadé que certains producteurs frappent en vain aux portes de notre télé. Ils viennent y proposer d'autres genres de programmes, sans pour cela tomber dans l'intellectualisme qui pourrait faire peur au téléspectateur. Je me souviens d'un temps, pas si lointain, où celui-ci était respecté, en ce sens qu'on osait lui proposer des personnages hauts en couleur. Ils existent encore, je vous l'assure !

« Il était une fois… » Les histoires commencent bien souvent par cette formule. Et pourtant, de temps à autre, les faits sont exacts. Donc il était une fois, chez l'éditeur Jean-Claude Lattès.

Nous étions cinq copains, et ne refusions jamais un bon verre de vin. Certains soirs, autour du maître de maison, outre moi-même, se trouvaient :

– Bernard Pivot qui n'était pas encore président du Goncourt mais dont l'émission « Apostrophes » représentait une leçon de savoir et d'humour.

– Jacques Lanzmann qui atteignait le grandiose avec ses chansons complices écrites pour Jacques Dutronc (« Paris s'éveille », « Les Cactus »).

– Louis Nucéra dont le talent de plume lui valut le prix Interallié.

– Bernard Loiseau dont le restaurant Le Saulieu était devenu l'une des tables les plus gourmandes de France. Lequel Loiseau n'arrivait jamais les mains vides : dans sa sacoche, quelques grands bordeaux qu'il présentait avec un savoir-faire d'exception. Nicole Lattès nous apportait quelques cochonnailles délicieuses. De 20 heures jusqu'à plus soif, la soirée se déroulait dans le rire et l'amour de Bacchus. Lorsque l'aube perçait à l'horizon, chacun repartait en titubant quelque peu. Mais nous n'avions pas besoin de décret ministériel pour savoir qu'il valait mieux ne pas prendre le volant, et que les fameux taxis parisiens nous ramèneraient sains et saufs à nos domiciles respectifs.

Il était une fois, oui, car des soirées aussi gouleyantes ne peuvent plus avoir lieu. Lattès vit dans sa maison du Luberon, tandis que Bernard Pivot et moi-même, la Faucheuse ayant sévi, conjuguons au passé ces délicieuses agapes.

J'ai vécu le Festival de Cannes pendant un demi-siècle. Il s'y passe rarement des événements intéressants hors la qualité des films projetés. Bien sûr, lorsqu'une œuvre comme *Une journée particulière*, d'Ettore Scola, pur chef-d'œuvre avec Sophia Loren et Marcello Mastroianni, repart sans le moindre accessit, on peut crier à l'injustice.

Lorsque *Les Parapluies de Cherbourg* déclenchèrent dans la salle du festival un enthousiasme unanime, je travaillais à l'époque chez Philips, qui avait édité la musique et les chansons de Michel Legrand. J'avais avec moi une multitude de disques de promotion, et lorsque la foule commença à sortir de la salle, je fis voler depuis le balcon qui dominait le grand hall des quantités de petits 45 tours. Le spectacle fut grandiose. Les dames en robes du soir signées Chanel ou Givenchy se précipitèrent les unes contre les autres en une mêlée féroce pour attraper le petit cadeau qui leur tombait du ciel. Les femmes du monde, par la grâce d'un disque, s'étaient transformées en mégères non apprivoisées. La photo existe. Elle témoigne de la grandeur de l'espèce humaine !

Mon geste était identique à celui du promeneur qui lance des morceaux de pain aux mouettes. Celles-ci volent, plongent, remontent et forment un ballet aérien admirable de grâce et de légèreté. Mes donzelles en organdi, elles, s'étaient muées en prototype de vulgarité. Plus je lançais de disques, plus le chœur de glapissements aigus dont l'inconvenance le disputait à la trivialité montait en intensité. Ma cruauté était récompensée au-delà de mes espérances. Je n'éprouvai aucun remords et suivis ces dames dans le grand salon des Ambassadeurs, où elles trempèrent délicatement leurs lèvres dans une coupe de champagne.

— Quelle soirée, ma chère ! Je me suis follement amusée.

— Garçon ! Une autre coupe !

Les bijoux cliquetaient, les compliments sur la somptueuse robe de la voisine fusaient.

— Garçon ! Ah ! ma chère, ce service est épouvantable !…

Vers 2 heures, chacune put enfin regagner sa chambre d'hôtel, se démaquiller, enlever ses faux cils, enfiler sa chemise de nuit pour dormir et se remettre de cette belle soirée !

En 1960, un scandale retentissant avait éclaboussé le Festival de Cannes. Michelangelo Antonioni arrivait sur la Croisette accompagné d'une superbe comédienne, Monica Vitti. Charme et intelligence émanaient de ce magnifique couple italien. *L'Avventura* était attendu avec impatience. Ce devait être l'un des sommets du festival. Le film commençait bien, comme un polar. Le public très dense qui avait envahi le Palais semblait subjugué par l'histoire. Pas un bruit dans la salle, pas la moindre quinte de toux.

Soudain, changement de rythme. Antonioni abandonnait l'action au profit de longs plans, souvent silencieux, arrêtés sur le regard des comédiens. D'interminables scènes où le mutisme sur l'écran était contrebalancé par les murmures des festivaliers. Les bruits divers enflèrent tout au long de la projection, qui s'acheva dans un désordre indescriptible. Antonioni et Monica Vitti restèrent prostrés dans leurs fauteuils. Monica surtout, si jeune et inexpérimentée, qui ne comprenait pas une hostilité aussi bruyante. Lorsque enfin le couple se décida à sortir et apparut en haut des marches, les hurlements redoublèrent d'intensité. Monica Vitti s'effondra en larmes, et c'est au milieu des cris et des injures que le couple parvint à gagner une voiture.

La nuit ne faisait que commencer. La production avait organisé une soirée au Palm Beach à l'issue de la projection. Tous les invités s'y rendirent. La salle élégante, les boissons à volonté, le loup grillé excellent avaient contribué à détendre l'atmosphère. Monica Vitti avait mis une nouvelle couche de rimmel et retrouvé son teint resplendissant. Les incidents paraissaient provisoirement oubliés, et l'heure des attractions arrivait. Un présentateur annonça le tour de chant de Dario Moreno. Ce dernier, qui n'avait pas vu le film, arriva sur scène avec un smoking rose fuchsia surmonté d'un rire éclatant, qui déclencha les applaudissements. Sa bonne humeur, son entrain, son sens du rythme ralliaient tous les suffrages. Lorsque Dario attaqua sa deuxième chanson, un homme se leva et, d'une voix de stentor, hurla :

— Mais quel est ce pitre que vous nous présentez ?

C'était Alain Cuny qui, outré que l'on fît un triomphe à Dario Moreno après avoir injurié Antonioni, manifestait sa désapprobation. Sa phrase résonna dans la salle du Palm Beach comme les trompettes sur la plaine de Jéricho. Dario fit un geste afin d'arrêter l'orchestre. Un silence de plomb s'abattit sur les neuf cents convives. Dario Moreno, avec un calme surprenant, se rendit à la table où avait pris place Alain Cuny, et avec une politesse glacée, déclara :

— Monsieur, je regrette les paroles que vous venez de prononcer, car moi je vous admire beaucoup.

Ce fut tout. D'une dignité absolue, Dario regagna les coulisses et refusa, malgré les exhortations de Favre Le Bret – délégué général du festival –, de revenir sur scène. Il avait démontré que sous le fuchsia du smoking se cachait une vraie sensibilité, et que sous le déguisement du clown il y avait tout simplement un homme.

Pour la petite histoire, Alain Cuny fut exclu du festival le lendemain, tandis que *L'Avventura* obtint le Grand Prix spécial du jury, qui était présidé par Georges Simenon.

À ses côtés siégeait Henry Miller. C'était l'époque où les jurys étaient composés de cinéastes et d'hommes de lettres. Simenon et Henry Miller assis côte à côte ! Le rêve !

L'auteur des *Tropiques* et du *Colosse de Maroussi* se promenait sur la Croisette, son petit chapeau de toile grise sur le sommet du crâne, sans être le moins du monde importuné par les curieux. Même les photographes le laissaient vivre en paix ! Une starlette dénudée sur la plage était pour eux un spectacle autrement attrayant.

Je fis goûter à Henry Miller la cuisine provençale de la mère Besson. Pour cet Américain plutôt habitué à la nourriture traditionnelle de la brasserie du Wepler à Paris – là où il écrivit *Jours tranquilles à Clichy* –, la soupe au pistou et les raviolis à la niçoise semblaient avoir été concoctés sur une autre planète. Il ne cessait de s'exclamer :

— *Incredible ! Delicious !*

Les parfums des herbes de Provence grisaient ce diable d'homme et il demanda à la mère Besson de lui offrir quelques branches de ces plantes qu'il désirait emporter à Big Sur. Le basilic, le romarin, le thym poussent peut-être aujourd'hui sur les collines du Pacifique !

Dans son enthousiasme, Miller convia Georges Simenon à venir goûter ces spécialités. Ce fut un déjeuner mémorable. Simenon, moins expansif, apprécia une cuisine qui le désorientait. Ni à Liège ni à Genève, les herbes n'ont une telle saveur !

J'éprouvais une grande admiration pour Georges Simenon, dont de nombreux romans m'étaient familiers. L'un de mes préférés avait pour titre *Les Mémoires de Maigret*. Un régal ! Imaginez Maigret rencontrant Simenon dans un commissariat, l'écrivain interrogeant le policier sur sa vie quotidienne, bref, le personnage de fiction racontant son auteur ! Lequel confie à Maigret : « Racontez n'importe quelle histoire à quelqu'un. Si vous ne l'arrangez pas, on la trouvera incroyable, artificielle. Arrangez-la, et elle fera plus vraie que nature. » Lorsque je citai, de mémoire, ce passage de son livre, Simenon enchaîna avec force :

— C'est évident ! La réalité, si elle n'était pas pimentée, modifiée, serait comme cette soupe… sans pistou ! Ce serait de la soupe !

Je suis resté longtemps en relation épistolaire ou téléphonique avec Georges Simenon. Dans les années 1970, il passa à Paris et me convia à déjeuner. Je le trouvai triste. Il venait de perdre sa mère. Pourtant aucune affection particulière ne l'avait lié à celle-ci. Sa mère était restée en Belgique et ne comprenait pas le métier qu'exerçait son fils. Avait-il des dettes ? Payait-il ses fournisseurs ? Chaque mois, elle recevait de Georges une certaine somme d'argent. Cela dura une cinquantaine d'années. Un jour, elle alla passer quelques jours chez son fils, en Suisse et, avant de repartir, elle lui tendit une enveloppe qu'il ne devait ouvrir qu'après son départ. À sa triste surprise, il découvrit, ébahi, l'argent qu'il avait envoyé à sa mère durant toutes ces années. Celle-ci avait préféré vivre dans la pauvreté et ne rien lui devoir.

Je demeurai sans voix. Ce récit de Simenon se fit sur le ton d'un constat, presque avec froideur. J'en eus des frissons dans le dos. Trois mois plus tard, il me fit parvenir *Lettre à ma mère*, où il avait inscrit en dédicace : « Vous retrouverez ici le récit que je vous ai confié. En gage d'amitié. »

Georges Simenon écrivait comme d'autres vont au bureau. Des horaires fixes, des promenades de santé au parcours toujours identique. Sa pensée, qu'il fût en Belgique, en Suisse, en France ou aux États-Unis, s'exprimait avec une précision d'entomologiste. Les petits faits, les petites gens, les climats embrumés de ses romans furent tous inspirés par son enfance liégeoise et les enquêtes à quatre sous du journal local. Comment peut-on noircir tant de pages d'une écriture serrée, presque sans réflexion ? Par instinct, semble-t-il. Après avoir imaginé l'action, après avoir défini et modelé ses personnages, les coucher sur le papier n'était plus pour lui qu'une formalité.

— Il fallait en passer par là, avouait-il. Alors autant en finir rapidement avec, pour toute contrainte, l'obligation de rester simple.

Simenon se vantait de n'avoir jamais employé plus de cinq cents mots de la langue française.

Paul Guimard, pour se reposer de ses travaux d'écrivain et d'éditeur, allait souvent dans l'une de ses maisons en Bretagne, et du côté d'Hyères. C'est là qu'il vécut, un jour – lui dont l'imaginaire était le propre du métier –, un vrai roman d'amour.

Un magnifique ciel bleu régnait sur le Midi de la France, ce qui avait mis Guimard d'humeur joyeuse. Debout dans le couloir, il regardait la Méditerranée, dont les vagues légères accompagnaient le cheminement du train. Celui-ci s'immobilisa alors que l'on traversait la banlieue d'Hyères, face à un immeuble situé en bordure de la ligne de chemin de fer. Le regard de Paul Guimard se porta immédiatement sur une terrasse où se trouvait une jeune femme brune. Ce qui le troubla énormément, c'est qu'elle aussi le fixait, et dans ce regard il sentit comme un appel. N'oublions pas que Guimard est un écrivain et un romancier. L'échange qu'ils eurent, la jeune femme et lui-même, dura une bonne minute, pendant laquelle il imagina mille choses délicieuses et troublantes. Le train repartit et, malheureusement, au cours de tous les voyages que Guimard fit du côté d'Hyères, il ne s'arrêta plus jamais au même endroit. Mais la jeune femme brune sur son balcon resta pour notre ami comme un vrai roman d'amour.

Paul Guimard promenait ainsi sa lourde carcasse de Paris à Hyères et en Bretagne, souvent avec l'intention de se consacrer à l'écriture. Mais, comme il était un peu paresseux, il profitait de son temps précieux pour rêver devant la mer ou l'océan. Peut-être pensait-il que la vague était source d'inspiration... Toujours est-il que le catalogue de ses œuvres tient dans le creux d'une main ! *Rue du Havre* et *Les Choses de la vie* furent parmi ses premiers romans salués comme proches de chefs-d'œuvre.

L'ami Guimard restait malgré tout simple et souriant, considérant sans doute que l'écriture devait être de qualité ou ne pas être. Bien souvent nous déjeunions ensemble au Decameron, restaurant proche des éditions Gallimard et fréquenté par d'autres gens de plume, dont Antoine Blondin, lequel faisait monter l'addition grâce à la note des boissons qui dépassait allègrement celle des nourritures terrestres. Mais soyons justes, même lorsque Blondin jouait les abonnés absents, le vin coulait avec abondance. Je me souviens avoir vu Paul Guimard refuser avec le sourire trois bouteilles de bourgogne rosé qu'il tenait pour bouchonnées, sous l'œil étonné et les papilles réprobatrices du restaurateur, lequel changea les vins incriminés sans sourciller : Guimard était un trop bon client pour oser lui faire une remarque, si petite soit-elle.

Paul Guimard n'était pas seulement un délicieux convive qui aimait le vin, les femmes – mais surtout pas les guenons… et vous comprendrez plus loin le pourquoi. Ses soirées, rarement libres, se partageaient entre des amis, son épouse Benoîte Groult, et un président de la République, François Mitterrand, qui avait une réelle affection pour lui. Le président demanda qu'un bureau soit installé près du sien, à l'Élysée, et il nomma Paul conseiller littéraire… Ainsi pouvait-il appuyer sur un bouton de son dispositif téléphonique et l'appeler lorsque sa journée avait été trop marquée par des conversations où l'ennui le disputait au faux savoir. « Ah, Paul, s'écriait-il lorsque Guimard prenait place dans un fauteuil près de lui, racontez-moi les derniers bruits de la vie littéraire ! Ça me changera ! » Et Paul lui glissait vite quelques phrases où l'intelligence prenait le pas sur ces questions politiques et économiques dont les détails exaspéraient sûrement M. Mitterrand.

C'est ainsi qu'un jour où la Nouvelle-Calédonie venait de connaître de sérieuses échauffourées, le président décida d'aller s'enquérir sur place de la situation. Et il emmena comme conseiller, dans ce lointain territoire – je vous le donne en mille ! –, son ami Paul Guimard, qui y avait passé huit jours de vacances six mois auparavant. Guimard, conseiller du président pour la Nouvelle-Calédonie ? Cela ressemble plus à un gag qu'à une décision politique ! Je pense plutôt qu'en prévision de rencontres plus ennuyeuses que passionnantes, le président conservait près de lui, pour le dîner, un ami qui distillait des mots d'esprit comme autant de graines apaisantes avant le coucher.

Pendant que Paul Guimard jouait les jolis cœurs dans le train roulant vers les rivages méditerranéens, Louis Nucéra, courbé sur sa table de travail depuis 4 heures, noircissait du papier pour donner vie au héros littéraire de ce qui devait être son premier livre, intitulé avec justesse *L'Obstiné*. Depuis des années, il remplissait la corbeille à papier, jamais satisfait de ses écrits. Car Louis, perfectionniste du mot, désirait qu'aucun reproche ne puisse lui être adressé le jour où il considérerait que son livre pourrait être lu par quelque lecteur que ce soit.

Au cours de l'un de ces déjeuners avec Paul Guimard au Decameron, sachant que ce dernier était directeur littéraire chez Denoël, je lui parlai du projet de Louis, de son acharnement, de sa détermination. Il reçut mes propos avec enthousiasme.

— Lorsque Louis sera content de son livre, me dit-il, je le prendrai aussitôt. Sans le lire.

J'eus un frisson de bonheur. Louis allait donc être édité ! Quelques semaines plus tard, Nucéra envoya donc son manuscrit chez Denoël, et Guimard confirma son accord. Nous allâmes fêter l'événement chez Kortchma, un petit restaurant russe où une vieille femme chantait des airs tziganes qui faisaient monter les larmes aux yeux de Joseph Kessel. Ce fut une nuit magnifique. Kessel, Guimard et moi célébrions la naissance d'un nouvel écrivain, Louis Nucéra, lequel, la vodka aidant, allait sûrement révolutionner le monde des lettres ! Telle était notre intime conviction. Vers 3 heures, le caviar et l'alcool ayant fait leur effet, les chansons russes prenaient de tels accents qu'elles donnaient à la petite taverne la couleur des romans de Tolstoï. Jef évoquait les personnages de légende qui fourmillaient dans sa tête. Nous n'aurions pas été étonnés de voir le prince André frapper à la porte de la datcha. Nous n'étions plus du côté de la place de Clichy, mais sur les bords de la Moskova où galopaient des chevaux sauvages.

« Voilà l'addition, on ferme ! » Retour à la réalité. Jef, qui était superstitieux, signifia à Louis :

— On fête ton premier bouquin, contrairement à notre habitude, c'est toi qui dois payer. C'est la coutume !

De bonne grâce, Louis s'exécuta. Son baptême lui coûtait un bon mois de salaire, mais qu'importe ! Nous étions heureux.

Quelques jours plus tard, faussement calme, Louis me confie :

— J'ai reçu un coup de fil de Guimard. Il me fixe rendez-vous à 16 heures chez Denoël.

— Tu as le trac ? demandai-je.

— Non, me répondit-il. Je te téléphonerai à la fin de l'entretien.

Et Guimard accueille Louis, faisant venir l'attachée de presse de Denoël, qui explique :

— Votre livre ne ressemble à rien de ce que notre maison édite habituellement. Il est totalement atypique.

— Vous me faites beaucoup d'honneur, répliqua Louis.

— De ce fait, enchaîna la dame, nous préférons ne pas le publier.

La maison s'écroule, les rêves s'évaporent et disparaissent comme la fumée de cigarette. On revient à la case départ. *L'Obstiné* ne trouve plus preneur. Fureur de ma part, mais sérénité chez Louis. Kessel, lorsqu'il apprit la nouvelle, se gratta le dessus du nez, un geste habituel lorsqu'un problème le tracassait. Il se fit silencieux et il ne parla plus du livre pendant deux jours. Le troisième, il dit à Louis :

— Tu as rendez-vous chez Julliard.

Où il fut édité.

Après l'aventure Denoël, Guimard resta fidèle à lui-même, pas gêné une seconde que sa parole fût contredite par son attachée de presse. Il demeura le même, oubliant le dîner chez Kortchma. Là résidait sans doute une de ses forces. Quoi qu'il arrive, Guimard possédait un flegme tel que rien ne semblait pouvoir l'atteindre. Pour se dédouaner de sa bévue avec Nucéra, je me souviens d'un jour où il me dit :

— Quant à Louis, je serai son plus fidèle supporter lorsque le jury de l'Interallié se réunira !

C'est tout, dit avec le sourire comme si de rien n'était. À sa place je me serais confondu, non pas en excuses mais en phrases tellement plates qu'il aurait mieux valu que je ne le rencontre plus. Chez Paul, rien de tel. Son comportement amical ne changea pas d'un iota. Une montagne, sûre d'elle-même, jamais méchante et toujours indifférente, mais souriante.

Le jour où *L'Obstiné* parut chez Julliard, Guimard en fut heureux. Ni plus ni moins. Il avait, semble-t-il, oublié l'épisode Denoël. De son côté, Nucéra donna l'impression d'en avoir fait son deuil également. Le côté positif avait pris le dessus sur la désillusion. Jamais d'ailleurs il ne prononça la moindre parole contre Guimard. Comme un vieux routier, il ignorait les promesses non tenues, les rendez-vous manqués, l'ingratitude des uns et des autres. Il agissait rapidement, tel un sage.

Dès lors, il mena de pair ses deux casquettes. L'auteur fit fructifier les qualités de « l'obstiné », tout en restant un fidèle attaché de presse chez Philips, préférant s'occuper de Brassens que de Sheila, moins à l'aise avec Claude François que lorsqu'il devait écrire sur Georgette Lemaire. Il pondit même une biographie de la chanteuse qui fit sensation et demeure à ce jour comme l'un des chefs-d'œuvre de la littérature du showbiz : *Georgette Lemaire, c'est Zola !* Nucéra y racontait le cadre sordide où vivait la chanteuse : ses enfants malmenés dans un couple séparé, les innombrables difficultés pour survivre dans un univers où un simple croûton de pain était apprécié à sa juste valeur. Bref, cette biographie de Georgette Lemaire faisait pleurer dans les chaumières ; comme dans *Les Deux Orphelines*, il vantait l'interprète à défaut de ses chansons, assez médiocres il faut le reconnaître.

À cette même époque, Léo Ferré, qui enregistrait chez Barclay, avait fait savoir à plusieurs reprises par voie de presse son mécontentement à propos de sa maison de disques. Le poète-chanteur n'y allait pas par quatre chemins. Plus rien ne correspondait à ses goûts et il désirait très vite changer d'air, donc d'éditeur. Je cherchais comment joindre Léo Ferré : son talent, son répertoire et sa voix pouvaient se marier avec le catalogue Philips, dont j'avais la responsabilité. Alors je me souvins qu'à maintes reprises Paul Guimard m'avait parlé de Ferré et des vacances qu'il venait passer dans sa maison de Bretagne. Il existait cependant une difficulté : il s'agissait de la guenon de Ferré, qui supportait mal la présence de Guimard.

— C'est comme ma femme ! insistait Ferré.

Et Paul Guimard, qui ne supportait pas Pépée, mit un jour fin à l'invitation bretonne.

Avec le précédent Nucéra chez Denoël, ma confiance envers Guimard s'était émoussée, mais les liens n'avaient point été rompus, et Paul me supplia d'aller passer une soirée au Don Camilo, un cabaret situé rue des Saints-Pères, où Léo Ferré se produisait pendant huit jours. Le directeur du cabaret nous offrit une table ; voilà Guimard, Nucéra et moi attablés, heureux de voir et d'entendre le grand Léo. Lorsque celui-ci eut terminé son tour de chant, Paul Guimard me dit, en sirotant son whisky :

— Il est vraiment bien, il a l'air en pleine forme !

— Oui, dis-je, peut-être est-il temps d'aller le voir, car je ne pense pas qu'il va rester deux heures en coulisses…

— Vous avez raison, approuve Paul tout en se levant.

Je fais donc de même, mais Guimard m'arrête aussitôt :

— Je crois préférable d'aller le voir seul.

Et il ajoute :

— Attendez-moi, je vous l'envoie.

Sur ce, il part voir son ami en coulisses. Louis et moi restons donc seuls, assis, et attendons. Cinq minutes, dix minutes… au bout d'un quart d'heure, toujours pas de Léo Ferré.

Enfin Guimard revient. Il s'assied avec un calme surprenant, nous déclare en souriant :

— Oh ! Il a plein de problèmes, le pauvre, actuellement.

— Mais où est-il ? demandé-je.

— Ah, mais il est parti, bien sûr !

Et, oubliant la raison de notre venue dans ce cabaret, il nous raconte une autre histoire dont nous n'avions rien à faire. Nucéra et moi, stupéfaits, nous l'écoutons, bouche bée…

Tel était Paul Guimard. Charmant, souriant, toujours prêt à rendre service. Mais faisant abstraction de sa parole. C'était presque un don.

Un autre écrivain a joué un rôle important auprès d'une personnalité de premier plan. L'ayant bien connu, je reste totalement surpris. J'ai beau chercher ce qui pouvait rapprocher ces deux hommes, je ne trouve pas les points communs qui les unissaient. Autant René Fallet repoussait par sa vulgarité, autant Georges Brassens attirait par son goût exquis. Et, pourtant, Brassens s'est toujours refusé à mettre le mot « fin » à une chanson tant que Fallet ne l'avait pas entendue. C'était donc là une preuve irréfutable de la confiance placée dans la construction d'une phrase. Certes Fallet savait écrire, *Paris au mois d'août* atteste d'un style charmant, mais cela suffit-il à effacer toute la trivialité de son langage quotidien ? Deux exemples suffiront à expliciter ma pensée.

Lorsqu'il fit connaissance de mon épouse, il s'écria :

— Elle est chouette, ta gonzesse ! Le jour où tu la fous à la poubelle, fais-moi signe !

Deuxième exemple, pire encore. Au cours d'une avant-première de cinéma, j'accompagne Joseph Kessel, lorsque Fallet arrive. Je les présente l'un à l'autre et Fallet trouve une formule qui me fait rougir de honte. En serrant la main de Jef, il lui déclare :

— C'est marrant de faire votre connaissance aujourd'hui.

— Ah bon, pourquoi donc ? demande Kessel.

Et Fallet poursuit :

— Parce que cette nuit je rêvais que je baisais une Russe !

Qu'ajouter à cela ! Rien. Sinon s'étonner que Fallet ait été si proche de Brassens. Ou plutôt que Brassens accepte le voisinage de Fallet avec tant de bonheur. À moins que… lorsqu'il se trouve proche de son ami, le langage de Fallet prenne des accents délicats. Ainsi, il aurait eu deux attitudes, deux personnalités, deux façons de s'exprimer. Après tout, pourquoi pas !

Henry de Monfreid. « Le Vieux Pirate », comme l'appelait Joseph Kessel, habitait dans le XVIe arrondissement, rue Erlanger. Son appartement était décoré de toiles de Gauguin, grandes et petites, authentiques ou fausses. Difficile de s'y retrouver. Il faut savoir que le père de Monfreid fut le marchand de Gauguin et que, d'autre part, Monfreid était peintre lui-même. Il y avait dans sa maison d'Ingrandes plus de deux mille dessins ou aquarelles signés de son nom. Et, lorsqu'il avait besoin d'argent – ce qui lui est maintes fois arrivé dans sa turbulente vie –, il peignait un Gauguin, de sorte que lui-même ne savait plus très bien quels étaient les vrais ou les faux trésors.

Au mur était un cheval blanc, un classique de Gauguin. Je me hasardai à dire :

— Ce cheval blanc est au Louvre ! Celui-ci est donc la copie ?

— Non, c'est l'inverse, répliqua Monfreid. Celui-ci est l'original. N'en parle à personne, c'est la copie qui est au Louvre.

Je vécus trois mois chez Monfreid. Il avait fait aménager sa cave en petite case comme on en voit en Afrique, où tous les éléments étaient en bambou.

— Tiens, mon petit, me dit-il affectueusement, en attendant que ton appartement soit prêt, installe-toi là. Tu seras tranquille.

Sauf que les chats de Monfreid adoraient, vers 5 heures, faire leurs griffes sur le bambou, dans un raffut épouvantable, et qu'il m'était impossible de fermer l'œil.

Pendant ce séjour je vis souvent Monfreid se mettre au piano et chanter des chansons de marins. À quatre-vingt-treize ans, il n'avait rien perdu de sa vigueur.

Un soir, des décennies plus tôt, il avait remis à Joseph Kessel un manuscrit. Ce dernier le lut avec enthousiasme.

— Henry, tu dois écrire !

— Mais ce n'est pas mon métier, je ne suis pas écrivain, rétorqua Monfreid.

— Tu vas le devenir, dit Kessel.

Les cahiers que Kessel avait lus furent publiés, c'étaient simplement *Les Secrets de la mer Rouge,* qui furent suivis d'une quarantaine d'ouvrages.

Ainsi, seule l'honnêteté de Joseph Kessel a préservé la qualité d'écrivain de Monfreid. Merci, Jef !

À Cannes, au début des années 1970
avec Louis Nucéra, ami de cœur.

Avec Barbara, six mois de travail pour l'accomplissement d'une artiste.

Joseph Kessel et son frère Georges, accompagné de l'une de ses nombreuses fiancées.

Avec Édith Piaf, sur la plage de Cannes, quelques mois avant qu'elle ne disparaisse.

Au festival de Cannes avec Sophia Loren au sommet de sa gloire.

Claude Chabrol, avec qui le mot rire prenait tout son sens.

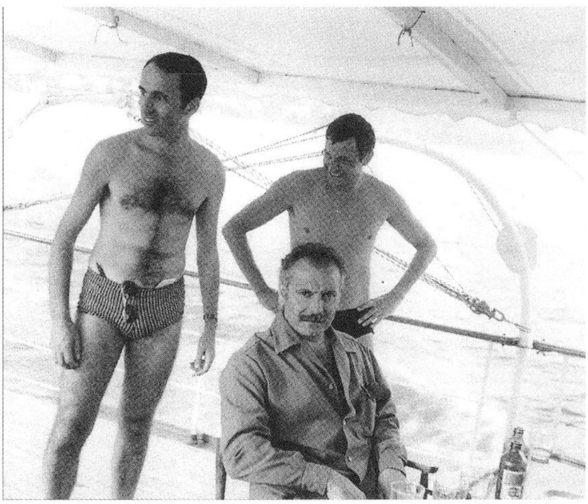

Avec Georges Brassens et Louis Nucéra sur un bateau de plaisance dans les années 1960.

Avec Fernand Raynaud, dont on peut dire aujourd'hui qu'il fut le comique le plus percutant de son époque.

Brassens, Devos et Paul Guimard découpant le traditionnel gâteau d'anniversaire.

Henry de Monfreid appelait Kessel « mon petit » tandis que Jef le surnommait « vieux pirate ».

Michèle Morgan et Gérard Oury lors de la 1000e de mon émission sur France Inter.

Jean-Louis Trintignant venu à la maison de la Radio lors d'une émission.

La dernière de « Ciné-Film » à France Inter, le 20 juin 2006.
En bas, de gauche à droite : Mme et François Marthouret, André Asséo, Bertrand Tavernier, Alain Resnais, l'assistante et Jean-Claude Loiseau.

En haut : Sophie Dacbert, Jean-Michel Ribes, Claude Pinoteau, Catherine Demier, Richard Hulot, Christophe Barratier, Alain Corneau, Alain Jessua, Édouard Molinaro, Pierre Billard, Laurent Delmas et Patrick Brouillet.

Avec Jeanne Moreau, qui m'a fait l'amitié de couper le gâteau de ma dernière émission sur France Inter.

Jean et Michel Drucker, si complices qu'aucun projet ne pouvait aboutir sans l'accord de l'autre.

Huguette Debaisieux, femme d'exception, que j'ai aimée comme une sœur.

cahier photo : d.r.

Pourquoi pas ? Il s'agit là d'une question, mais les questions se posent de moins en moins. Ne pas répondre est le dernier chic à Paris. Le « ni oui ni non » appartient au monde de la politique depuis un certain temps. Désormais, les milieux artistiques ont adopté ce langage, et peut-être le monde industriel va-t-il suivre ces non-réponses aux questions posées. Que faire dans ce cas ?

Imaginez que vous proposiez un sujet à un directeur de théâtre ou à un comédien. Après lui en avoir touché quelques mots, vous lui faites parvenir le manuscrit par la poste ou par mail. Peu importe puisque le résultat aura le même traitement chez votre interlocuteur. Pendant deux à trois semaines, vous attendez sagement assis près de votre téléphone. Puis les questions commencent à tourner dans votre tête. A-t-il aimé ? Dois-je l'appeler ? Que faire ? Et surtout que ne pas faire ? Insister serait une erreur, mais jouer le bel indifférent ne correspond pas à votre tempérament. Alors, quatre semaines plus tard, vous vous décidez et vous décrochez votre téléphone :

— Allô ?…

Ah, merde ! C'est le répondeur. Vous lui laissez un message :

— Allô, bonjour ! Je voulais seulement savoir si vous aviez eu le temps de lire mon manuscrit. Si oui, rappelez-moi. Je vous en remercie.

La rage monte en vous. Et en plus vous le remerciez ! Mais de quoi ? De ne pas l'avoir lu ?… Mon texte nécessite une heure et demie d'attention, ce n'est pas sorcier ! Après tout, c'est son métier, de lire !

Le lendemain le téléphone sonne. Vous vous précipitez !

— Allô ?… Ah non, non, vous n'êtes pas chez… C'est un faux numéro.

Au bout de quatre semaines, cet exercice vous a épuisé. Devant cet insupportable silence, vous décidez d'appeler un deuxième interlocuteur. Si vous êtes croyant, vous pouvez prier pour que la réponse ne soit pas identique à la précédente.

Mais il y a pire que le « ni oui ni non ». Il existe une autre manière de vous mener en bateau. Tout simplement en répondant à votre démarche par un « oui » enthousiaste, fracassant, un « oui » qui ne peut vous faire douter de la sincérité de votre interlocuteur.

— Oui ! Formidable ! C'est ce que je souhaitais depuis longtemps ! Voyons-nous ! Mais rapidement ! Le prochain week-end si possible…

Mais bien sûr ! Bien sûr, c'est possible, vous êtes d'accord ! Et vous proposez un déjeuner le samedi à la maison. La voix chaleureuse accepte l'invitation.

Votre épouse prépare un menu sympathique. Il ne vous reste qu'à attendre… À 13 heures, le bonheur est à portée de la main. La manière dont l'invitation fut reçue ne laisse aucun doute sur les intentions de votre ami ! Car oui, dans votre tête, c'est déjà un ami !... Premier conseil : ne pas être trop enthousiaste. Et vous attendez 13 heures, 13 h 15, 13 h 30..., toujours pas là. Vous téléphonez. Le répondeur délivre le message habituel. Dix minutes après, vous rappelez. Toujours le même message. À 14 heures, votre épouse décide de passer à table, en disant :

— Ça va le faire venir.

Le repas se passe dans l'agacement total, puis la colère reprend le dessus.

Depuis, aucune nouvelle de la part de cet ex-ami. Aucun mot pour justifier son attitude. Le « ni oui ni non » habituel est pulvérisé !

L'autre manière de ne pas répondre est de disparaître. Disparaître corps et âme. Très difficile et rare, car la conception de cet exercice est remplie d'embûches. Il ne s'agit aucunement d'un jeu et nul ne peut être mis dans la confidence. Souvenez-vous des Frères ennemis. Ils avaient un numéro qui triomphait sur toutes les chaînes dans les années 1970 et 1980. Teddy Vrignault et André Gaillard s'entendaient comme larrons en foire. Leur exercice consistait en une mise en boîte permanente. Chaque soir, ils écumaient les cabarets parisiens, triomphant sur les rives gauche et droite avec un humour très particulier. C'était l'époque où, des caves de Saint-Germain-des-Prés au quartier de l'Opéra, les Parisiens possédaient la soif de rire. Et partout, sur la scène de l'Olympia ou à l'Écluse, sur les quais rive gauche, les Frères ennemis déclenchaient les rires. Chez eux, l'absurde et le coq-à-l'âne étaient les ingrédients d'une joute verbale de qualité.

Nous sommes le 1er novembre 1984. Les Frères ennemis s'apprêtent à se retrouver. La veille encore, le rire a mis certaines de leurs répliques en vedette, avec l'un de leurs derniers dialogues :

— Allô, maman ? Ici Jésus.

— Non ?

— Messie !

André Gaillard est dans sa loge, il attend Teddy. Ce dernier est toujours à l'heure. C'est le contraire d'un fantaisiste. En fait, celui qui possède le côté le plus « artiste », c'est lui, André Gaillard. Teddy Vrignault est moins disert, dans leur duo il semble plus effacé. Face à la presse, André donne le ton, rit en évoquant leurs trouvailles, beaucoup plus que Teddy.

C'est curieux, tout de même. Mais le retard de Teddy ne peut rien présager de grave. Les blagues ne sont pas sa spécialité. En l'attendant, André raconte comment, lors de la remise du prix de la Sacem récompensant leur humour, Teddy a eu, il y a dix jours à peine, un fou rire exceptionnel. Car si Teddy faisait rire, il riait très rarement. L'heure tourne, André Gaillard doit annuler la représentation. Inquiet, il se rend chez Teddy. Porte fermée ! L'angoisse remplace l'inquiétude. L'angoisse, la peur, puis le trouble.

Teddy Vrignault avait disparu, les Frères ennemis avaient vécu. Quelle absurdité !

Les disparitions sont monnaie courante dans le monde politique. Un chef d'État a souvent intérêt à se faire la belle plutôt que de vivre un procès où il se trouvera confronté avec ceux qui auront juré sa perte pendant des années. Mais le music-hall n'est en rien comparable à la dictature. Comment expliquer qu'un ami, ou supposé tel, disparaisse de votre univers sans l'ombre d'une raison ? C'est bien ainsi que les choses se sont passées.

Depuis des années, le rédacteur en chef d'un grand journal et son épouse partageaient nos soirées. Pas de sujets tabous ; cinéma, théâtre étaient passés au peigne fin. Nous avions les uns pour les autres un regard sur les livres en gestation. Tout événement artistique éveillait notre intérêt commun. Bref, chaque semaine était l'occasion d'un tour d'horizon complet de l'actualité artistique.

À la suite d'une opération bénigne, l'épouse de notre ami disparut. Malgré le nombre important d'années de vie commune, la réaction du survivant m'étonna. Il vint dîner à la maison, nous allâmes à une première théâtrale, et tout cela s'enchaîna normalement jusqu'au jour où...

L'ami disparut de notre horizon. Malgré les appels téléphoniques, les messages d'inquiétude, plus de nouvelles. Des relations communes m'affirmèrent que l'ami en question était en bonne santé. Du jour au lendemain, il cessa de vivre selon le même rythme. Son existence prit une allure différente. Depuis cinq années environ, je n'ai plus eu l'ombre d'une nouvelle de lui. Pour moi, sa disparition demeure une énigme.

Tous ces disparus forment une famille où l'incompréhension reste la pièce maîtresse. Que ce soit la lâcheté qui domine, ou la faiblesse qui soit le pion principal, le résultat est pratiquement le même. La peur du « ni oui ni non » semble dominer dans les rapports humains. Cette habitude semble avoir de nouveaux adeptes, elle casse la fraternité entre les hommes. On se rend compte que la franchise est une qualité qui devient rare, alors que l'amitié – on en revient à ce point fondamental – est un sentiment qui efface ces bégaiements de rapports humains. Et puisque certains préfèrent disparaître, je leur souhaite un bon voyage dans l'univers déconcertant de l'insondable.

Machine arrière ! Nous sommes en 1993. Dans deux ans, le cinéma fêtera son centenaire. C'est en effet en 1895 que les frères Lumière présentèrent en séance publique leur premier film, *La Sortie des usines Lumière*. Si on en parle dans les milieux du cinéma, rien de concret ne vient sonner à mes oreilles. Nul sujet concernant cet anniversaire n'occupe les gazettes. J'ai donc l'idée de réaliser un film sur ces cent ans du cinéma français. Vaste projet qui va en effrayer plus d'un.

Par où commencer ? Il fallait trouver tout d'abord une firme susceptible de réunir le meilleur de la production française. Gaumont, bien sûr ! L'idée fut rapidement rejetée : sans intérêt ! Sans perdre de temps, j'allai m'adresser à l'autre société presque centenaire, Pathé. Là les choses traînent, trop longtemps ; les réunions se succèdent sans que le projet prenne véritablement corps. Six mois plus tard, je claque la porte et, épaulé par Claude Miller, je vais porter le projet chez Ariane Films dont le président est un ami. Le maigre rayon de soleil qui nous illuminait va s'éteindre pour des questions budgétaires : chaque extrait de film coûte une fortune. Notre document devient irréalisable. Adieu *Les Cent Ans du cinéma français*! Gaumont et Pathé, qui détenaient les films nécessaires à la réalisation de ce document, du muet à nos jours, se dégonflèrent face à ce travail et son peu d'intérêt financier, et furent donc les responsables de cet échec. Je rageais dans mon coin, sachant que notre cinéma allait renoncer à cette reconnaissance! Jusqu'au jour où…

Je me trouvais au Club 13 pour assister à une avant-première lorsque j'aperçus Jacques Perrin qui, comme moi, attendait l'heure de la projection. Jacques Perrin, que j'avais vu et admiré peu de temps auparavant dans *Cinema Paradiso* de Giuseppe Tornatore. Dans ma tête défile aussitôt sa carrière, comme si un ordinateur effectuait un montage de ses films joués et produits. Me revint en mémoire la production de *Z*, alors qu'il n'avait que vingt-huit ans et que la plupart des producteurs n'osaient aborder un tel sujet, vu le contexte politique. Et puis *Le Désert des Tartares*, autre film culte, qui perdit beaucoup d'argent et que Perrin remboursa jusqu'au dernier centime. « Ça suffit, me dis-je, c'est l'homme qu'il me faut. » Aussitôt, je me présentai à lui et lui exposai mon projet.

Jacques Perrin est un personnage à part dans le monde du cinéma. Il ne fait pas partie de ces directions où chacun rejette sur un autre la responsabilité d'un accord ou d'un refus. Non! Il est le décideur. Lorsqu'une idée lui est proposée, il est inutile d'aller chercher ailleurs. Je savais tout cela. Il m'écouta avec attention, puis me demanda cinq minutes de réflexion. Quelques questions pertinentes, encore un moment de silence où je sentais une concentration maximale, et la réponse vint. En cinq minutes, Jacques Perrin acceptait un projet qui nous prit plus d'un an de travail. Il s'agissait de résumer en une heure quarante-cinq les qualités contenues dans environ dix mille films. Folle entreprise dont on s'aperçut vite que seul un homme comme lui pouvait en venir à bout.

Du cinéma muet aux films tournés de nos jours, tous les genres furent abordés. Du polar au romantisme, de la guerre à la science-fiction, de Méliès à Truffaut et d'Annabella à Gérard Depardieu, il nous fallait visionner chaque scène puis l'insérer dans le montage final. Un casse-tête inextricable ! Malgré l'aide que nous apportèrent Claude Sautet, Claude Miller ou encore Alain Corneau, chacun avait son idée, qui n'était pas obligatoirement celle des autres. Les discussions semblaient sans fin et se terminaient le plus souvent par un constat d'échec. La fameuse question : « Par où commencer ? », fut posée presque chaque jour. Avec Jacques, nous prîmes la décision de réaliser le film par thèmes : l'amour, la guerre, et ainsi de suite. On abandonnait le côté chronologique, qui aurait donné à notre œuvre un début pénible pour le spectateur. Imaginez vingt minutes de muet avant que l'on entende le premier dialogue ! Insupportable et impossible !

Ainsi, petit à petit, le film prit corps. Puis on supprima les commentaires, ne laissant que quelques phrases dites par Jacques Perrin lorsqu'un thème nouveau était abordé.

Malheureusement, certaines scènes essentielles nous manquaient, les producteurs exigeant des sommes trop considérables pour notre budget. En effet, un extrait de film qui ne sert pas la promotion se vend très cher. Trop cher. Un exemple parmi tant : *La Fiancée du pirate*, un film produit par Nelly Kaplan et interprété par Bernadette Lafont, nous donna un mal de chien. Il s'en dégageait en effet une sensualité qui tranchait avec le cinéma de son époque. En 1969, l'érotisme de certaines scènes pouvait choquer un public qui n'était pas habitué à ce qu'on appelle un chat un chat. Nelly Kaplan savait cela, et cet extrait que Jacques Perrin désirait absolument fut un exemple des difficultés que nous avons rencontrées au cours des négociations financières. Pour chaque scène, il fallait discuter. Une perte de temps, longue, fastidieuse. Mais Jacques possède une volonté telle qu'il arrive, en tant que producteur, à réaliser des prouesses. D'abord parce qu'il est un honnête homme, au sens strict du mot. Son honnêteté est certainement l'une de ses qualités premières, puisqu'il arrive à boucler des budgets dispersés à travers le monde. Je l'ai vu quelquefois à bout de nerfs, fatigué, mais jamais découragé.

Ainsi, scène après scène, la conception des *Cent Ans du cinéma français* prenait corps. Le visionnage des extraits prit pratiquement une année. Le résultat fut un désastre, puisque notre film durait environ trois heures trente. Sur ce premier montage, il nous fallait retirer plus de la moitié des extraits. Le casse-tête reprit. En aucun cas notre film ne devait dépasser les quatre-vingt-dix minutes, afin que le public puisse s'y intéresser.

Lorsque enfin *Les Enfants de Lumière* – tel fut le titre choisi – furent prêts, il était indispensable d'obtenir l'aide d'une chaîne de télévision. Le président de France Télévisions était à l'époque Jean-Pierre Elkabbach. Le rencontrer à Paris relevait de la mission impossible. Je profitai du Festival de télévision de Monte-Carlo, que j'organisais, pour le coincer sur la Côte, où je fis venir Jacques Perrin. Cette réunion à l'hôtel de Paris revêtait donc une importance extrême. Jacques exposa les grandes lignes de notre film, mais cafouilla quelque peu, de sorte qu'à la fin de son exposé Elkabbach prononça une phrase que je ne suis pas près d'oublier :

— En somme, vous ne savez pas ce que vous allez faire !…

Nous restâmes, Jacques et moi, au bar de l'hôtel. Le monde s'écroulait. Jacques était conscient de ne pas avoir été aussi bon qu'à l'habitude. Il est vrai que l'exercice était difficile à raconter : pas de début, pas de fin, pas de suspense… Par bonheur la phrase d'Elkabbach résonnait plus fort dans nos têtes que dans la sienne, si bien qu'au cours d'une deuxième réunion, à Paris, je pus modifier son opinion, qui n'était pas aussi négative que nous pouvions le penser. *Les Enfants de Lumière* furent présentés pendant le Festival de Cannes, en sélection officielle, en présence de Jean-Pierre Elkabbach, et dans la foulée le film sortit dans le circuit commercial. Ainsi *Les Enfants de Lumière* ont représenté les cent ans du cinéma français grâce à la superbe obstination de Jacques Perrin.

Obstination est le mot juste. Chacun de ses derniers films aurait découragé n'importe quel autre producteur, tant les difficultés furent nombreuses et variées. À la lecture de certains titres, on s'aperçoit aussitôt que les tournages se sont déroulés aux quatre coins de la planète, supervisés par des spécialistes et des savants, sortes de garde-fous pour qu'aucune erreur ne vienne entacher les films. Je pense notamment au *Peuple migrateur* et à *Océans*. Pour les réaliser, Jacques parcourut le monde en tous sens, afin de mettre en place les équipes de tournage, trouver les réalisateurs capables de filmer en fonction de ses désirs. Quant aux différents budgets, on peut imaginer Jacques Perrin flirtant avec toutes les monnaies du monde, cherchant à économiser d'un côté pour dépenser plus ailleurs.

Quel personnage ! Unique dans le cinéma français ! Qui vous raconte sa prochaine aventure avec la passion de celui qui vient de découvrir une vie, un continent... Écoutez-le aujourd'hui vous conter les *Saisons* que nous verrons dans deux ans, si tout va bien ! Toute la flore, la faune, les glaciers, les fleuves, bref tout ce qui nous entoure sera vu par le regard des animaux. Là réside l'originalité du projet. Les *Saisons* seront vues par d'autres yeux que les nôtres, par ceux qui foulent notre terre, dont les changements affectent leur vie quotidienne. En visionnant ce film, nous aurons une autre idée de ce qu'est l'Europe, cette Europe qui cafouille chez les hommes et dont les animaux nous montreront une image différente.

L'autre projet immédiat de Jacques Perrin est l'histoire de Felix Kersten. Cela fait longtemps que la vie de Kersten trottait dans ma tête. Combien de fois y ai-je pensé, après avoir lu et relu *Les Mains du miracle* de Joseph Kessel ! À combien d'amis ai-je recommandé la lecture de ce livre !

Kersten était un masseur d'origine finlandaise. Il possédait un don ; il ignorait lui-même la force qui s'en dégageait…

Nous sommes en 1938. Après avoir guéri un riche industriel allemand, il accepte, à contrecœur, de poser ses mains sur le corps de Himmler, le redoutable patron des SS. Celui-ci souffrait de douleurs qui le clouaient littéralement au lit lorsqu'il était en crise. Le résultat de ces massages fut presque miraculeux. Les souffrances disparaissaient aussitôt. Le fluide émanant des mains de Kersten redonnait une vie normale au numéro deux du régime nazi. Ce résultat, qui tenait du miracle, fut suivi d'autres séances dès que les douleurs reprenaient. Kersten prit vite conscience du pouvoir qui était le sien. Chaque fois que Himmler fit appel à lui, il exigea la libération de nombre de personnes promises à la torture, à la déportation, à la mort. Son illustre malade ne pouvait se soustraire à ce superbe chantage. Plus Himmler souffrait, plus l'exigence de Kersten se faisait importante. La vie de Kersten, ses mains salvatrices, quel sujet superbe dont s'est emparé Jacques Perrin !

Une fois de plus, c'est le sort de l'humanité qui le préoccupe. À travers ses films, Perrin demeure comme un porte-parole de ceux qui œuvrent pour notre bien-être.

Ce bien-être n'est pas encore l'apanage de la Chine. À quatre reprises, je me suis rendu dans ce pays où, à chacun de mes voyages, j'ai constaté les changements. La société chinoise s'est occidentalisée, les échoppes ne font plus partie du patrimoine de l'État, les grands hôtels à caractère international ont poussé comme des champignons. Les vélos ont été remplacés par des voitures, les hommes d'affaires européens ou américains se bousculent pour la conquête de fructueux marchés.

Lors de mon dernier voyage, j'ai pu, avec ma femme, me rendre au Tibet. Deux heures d'avion au départ de Guangzhou, et nous voilà transportés dans une autre civilisation. L'émotion est intense. Le Potala, le palais des dalaï-lamas, est fermé. Immense bâtisse, symbole d'un peuple et d'une philosophie. Mon interprète, qui travaille pour China Films, me promet que nous pourrons le visiter le lendemain. La nuit me paraît longue. Je savais qu'en foulant le sol du Potala j'entrerais dans le temple sacré et interdit à des millions de bouddhistes.

Au petit matin, nous pénétrons dans la demeure des dalaï-lamas. Les deux premières impressions sont la noirceur du décor et l'odeur du beurre de yak. Tout est sombre dans ces pièces qui défilent devant nos yeux les unes après les autres, que nul mobilier n'encombre, sauf les statues de Bouddha rehaussées de ses ornements sacrés, et bien sûr la salle aux Mille Bouddhas : rieur, farceur, heureux… tous affichant la sérénité et le bonheur de vivre. En haut, la terrasse, d'où le Tibet apparaît comme une offrande à celui qu'il a choisi comme guide. Le gardien du Potala nous offre une tasse de thé arrosé de lait de yak. Ma femme fait la grimace, l'odeur n'est pas engageante. Mais il nous faut boire. L'injure sinon serait trop grave.

La visite a été brève, mais importante. Il fallait conserver les quelques images fortes emmagasinées pendant ces exceptionnels instants et regarder encore dans la vallée se profiler ce grand bateau blanc et brique où la pensée de Bouddha n'a plus le droit de souffler depuis longtemps déjà.

À notre retour à Lhassa, la place du marché grouille de monde. Des gens, pauvres pour la plupart, assis par terre, tenant à la main leur moulin à prières, des vieillards aux figures de cartes postales : des rides profondes, des cheveux épars, une barbiche très fine. Un vague sourire éclaire ces visages d'un autre monde. Ils attendent tous le retour de celui qui leur rendra la paix et la tranquillité de l'âme. Leurs prières se renouvellent jour après jour. Les moines passent, nombreux, calmes, et ils croisent, indifférents, quelques soldats chinois.

Le soir venu, le conseiller culturel de Lhassa donne un banquet en mon honneur. À 17 h 30, tout le monde est là. Mon interprète me présente la dizaine de dignitaires chinois et tibétains qui assistent à la réception. Je suis assis à la droite du conseiller culturel. Devant moi, trois verres : l'un rempli de bière à ras bord, l'autre contenant une sorte de vin cuit très sucré, le troisième, le plus petit, étant un verre à alcool blanc, alcool de riz sec et fort ressemblant à un marc de Bourgogne. À ma surprise, le conseiller se lève immédiatement et me demande de trinquer à la chinoise.

Première étape, je dois boire une gorgée de bière ; je m'exécute et on remplit à nouveau le verre. Deuxième étape, identique à la première, je bois encore et l'on remplit à nouveau le verre. Troisième étape, rien ne change, le verre se retrouve plein, et je dois absorber ce demi de bière d'un seul trait. Je ne peux refuser. J'ingurgite la bière tout en réfléchissant à la réplique que je me dois de faire. À peine assis, je lève le verre d'alcool blanc à la santé de mes hôtes et demande que, comme en France, on boive « cul sec ». Le conseiller m'explique qu'il souffre de l'estomac et qu'il ne peut boire cette boisson trop forte pour son organisme. J'insiste, et il s'exécute. À mon tour, je vide le verre d'alcool et, pris d'un subit accès de fou rire, je m'étrangle et recrache tout le contenu sur le visage du conseiller. Un silence absolu se fait dans la seconde même. Tout peut alors arriver. Les regards des convives expriment l'inquiétude.

Son visage reste caché par une serviette, pendant qu'un sbire l'essuie avec respect. Et puis, ô surprise divine, le conseiller se met à hurler de rire. Aussitôt, l'atmosphère se détend, nous sommes sauvés ! Chacun se trouve libéré et peut s'esclaffer à son tour. Le banquet va commencer.

Ce fut un banquet long et copieusement arrosé, les toasts succédant aux toasts. Les frontières linguistiques furent abrogées. Ce soir-là, je parlais chinois couramment !

Quelques jours après, je me retrouvai à Pékin avec mes hôtes de China Films. Le spécialiste du département français s'appelait M. Li. Il connaissait tout à propos de notre cinéma : le César du Meilleur Interprète en 1982, la date de naissance de François Truffaut, et bien sûr l'état de notre production. Un puits de science incollable ! Dans le feu de notre conversation, j'évoquai le nom d'Orson Welles. Je vis les yeux de M. Li s'écarquiller :

— Je ne connais pas ce monsieur, avoua-t-il. Que fait-il ?

— Vous n'avez jamais entendu parler de ce réalisateur ? demandai-je.

— Non, répondit-il, je ne m'intéresse qu'au cinéma français.

Le soir, le fameux M. Li m'emmena à l'Opéra de Pékin. Il s'agit là de l'une des troupes les plus réputées au monde et je me réjouissais d'aller l'applaudir.

Dès le début de la représentation, j'eus la surprise de constater que le public continuait de parler, ne se préoccupant pas des artistes qui se trouvaient sur la scène. M. Li m'expliqua, pratiquement en traduction simultanée, le déroulement de l'action. Et pas un voisin ne lui demanda de s'exprimer plus doucement. Brusquement, un air sembla capter l'attention de l'auditoire, le silence se fit. Les spectateurs applaudirent avec force. Et, d'un seul coup, ils stoppèrent leurs acclamations pour reprendre le cours de leurs conversations.

Ah, la Chine ! Elle fait rêver. Encore aujourd'hui. Les voyages, les voyages !…

Il est très difficile actuellement de ne pas applaudir un jeune comédien né en 1922, Michel Galabru. Il brûle les planches, se refaisant une santé, passe d'un plateau de télé à un autre, affronte des animateurs tels Dechavanne ou Ruquier, et leur cloue le bec avec la désinvolture d'un jeune homme. Michel Galabru cite toujours Bertrand Tavernier, metteur en scène du *Juge et l'Assassin*, comme étant le seul à avoir décelé chez lui la nature d'un grand comédien.

— Les autres, dit-il, m'ont employé pour faire le gugusse dans des conneries à la française ! Avec Darry Cowl, Paul Préboist et la Sapritch, nous étions les représentants de ce cinéma franchouillard.

Galabru s'amuse en se remémorant ces temps où, avec Michel Serrault, ils étaient tous deux les comédiens favoris des plus mauvais metteurs en scène français.

— Pourtant, lui dis-je, vous aviez une formation classique ! Le Conservatoire, la Comédie-Française…

En lui rappelant le temps de sa jeunesse, j'ai l'impression d'avoir appuyé sur un bouton qui le ramène une bonne soixantaine d'années en arrière.

— En fait, j'ai toujours joué. Lorsque j'étais jeune, je me transformais en footballeur. Je ne répondais qu'au nom d'un footballeur qui s'appelait Michel Zeller.

— Mais pourquoi Zeller ?

— Parce que les footballeurs ont souvent des noms à consonance étrangère. Mais attention ! Si on m'appelait Galabru, je ne répondais pas. J'étais Zeller, coiffé comme Zeller, habillé comme Zeller. Et lorsque la période Zeller a pris fin, je suis devenu auteur, sous le nom de Michel Livri.

— Quelles étaient les raisons de ces transformations ?

— Sans doute pour échapper à ma propre personnalité. J'étais tellement timide que mon frère me disait sans arrêt : « Arrête de prendre un air si con ! » Comme mon physique ne me permettait pas de jouer les jeunes premiers, j'ai fait trente-six métiers et participé à une ribambelle de concours. L'un de mes professeurs de diction me demanda un jour si j'avais fait des études. Je lui répondis que je faisais du droit. Il me répondit aussitôt : « Continuez ! » Je fis le Conservatoire ; je ne fus admis qu'à la troisième fois et entrai à la Comédie-Française.

— Mais bravo ! dis-je, votre carrière débutait réellement.

— Pas du tout, me répondit-il, je voulais faire du cinéma. Pas le moindre petit rôle à l'horizon. Trois années au Conservatoire, quatre à la Comédie-Française. Pendant sept ans, rien ! Pas un seul tournage !

Si encore à la Comédie-Française j'avais joué des rôles intéressants ! Mais pas du tout ! J'étais totalement intimidé, auprès de ces comédiens que j'admirais depuis si longtemps. Enfin, un jour, on me proposa de jouer Georges Dandin, et j'obtins mon premier vrai succès. Je n'en revenais pas ! Malheureusement cela ne dura pas longtemps et je retombai dans l'anonymat le plus complet. Et là j'ai assisté aux pires intrigues. Inimaginable ! Un microcosme de la société. Des distributions qui se discutaient dans les pissotières !... Les rumeurs les plus folles pouvaient détruire n'importe quel sociétaire. Figurez-vous que Robert Hirsch me proposa un jour pour un rôle important. Aussitôt, certains firent courir le bruit que j'étais fou : « Attention, il est fou, il ne joue jamais de la même manière ! » Au bout de sept ans, je pris mes cliques et mes claques et je quittai cette honorable maison.

— Enfin libre de tourner, dis-je, et quelle boulimie ! Savez-vous combien de films vous avez à votre compteur ? Presque trois cents !

— Oui, rétorque-t-il, mais combien de petits rôles insignifiants ! Une heure, ou bien un jour ou deux de tournage... Je prenais tout ce qu'on me proposait ! Les nécessités familiales faisaient que j'avais besoin d'argent. Vous croyez que c'est facile, la vie d'un comédien ? Et puis la chance s'est présentée. Bertrand Tavernier, un homme remarquable qui s'intéresse aux comédiens, m'a trouvé dans la merde. J'en suis encore étonné. Il m'a proposé *Le Juge et l'Assassin*.

— Où vous avez obtenu le César du Meilleur Comédien…

Galabru sourit et, après un court silence, il enchaîne :

— Mais c'est le réalisateur qui compte, au cinéma. Quand vous tournez avec des Truffaut, Tavernier, ou des gens de cette catégorie, vous avez toutes les chances d'obtenir un César.

Une fois de plus, Galabru se rapetisse. Il ne croit pas en son talent. Je lui rappelle qu'il a tourné avec Comencini, Costa-Gavras, Jean Becker…

— Ahhhh… *L'Été meurtrier*!…, explose-t-il. Avec Isabelle Adjani ! Une intensité dramatique incroyable. Face à elle, je me suis trouvé tellement mauvais. Je jouais d'une manière théâtrale insupportable. Je vais vous dire une chose, je n'ai jamais voulu voir le film.

— Encore aujourd'hui ?

— Jamais je ne supporterai de me voir face à Isabelle Adjani. Vous savez, les monstres, vous ne pouvez pas les snober. Moi, je ne suis qu'un petit cabot face à des comédiens que j'ai bien connus : Raimu, Harry Baur, Louis Jouvet. Je suis sincère, croyez-moi. Face à eux, je ne fais pas le poids.

Les complexes ! Toujours ces complexes qu'il traîne depuis son plus jeune âge. Il m'avoue avoir eu un comportement de petit garçon lorsqu'il tournait avec Fernandel ou Michel Simon.

— Lorsque je devais tourner aux côtés de l'immense Fernandel, celui-ci annonçait ainsi son prochain film : « Galabru et moi allons tourner ensemble. »

Incroyable ! Quant à Michel Simon, que j'ai connu dans *L'Ibis rouge*, de Jean-Pierre Mocky, il écrasait tout le monde par son immense talent, malgré le spectacle que donnait Mocky lorsqu'il dirigeait un film.

J'ai moi-même bien connu Mocky, qui annonçait toujours des distributions fabuleuses pour ses prochains films. Woody Allen, Sophia Loren étaient régulièrement dans ses génériques… Mais comment se comportait-il comme metteur en scène ?

— Houla ! hurle Galabru. Mais c'était un passionné ! Il gueulait, il allait dans tous les sens et, comme il adorait Michel Simon, je me souviens des cris qu'il poussait : « Vite ! Vite ! On va tourner ! Vite ! Michel Simon va arriver ! »… À la fin de la séquence, il demandait à Michel Simon s'il préférait que l'on garde la prise numéro 1 ou la 2, et Michel Simon répondait : « Je m'en fous ! Je les emmerde l'une et l'autre… »

Je ne pouvais pas laisser Galabru s'échapper sans évoquer la série des *Gendarmes,* dont la vedette était Louis de Funès. Une série qui obtint un succès énorme auprès d'un immense public.

— Vous savez, me dit-il, c'était un être exquis ! Plus que cela, délicieux ! Et pourtant il avait une exécrable réputation auprès des journalistes. Pourquoi ? Tout simplement parce qu'il était timide. D'une timidité terrible ! Il était tellement timide que, dès qu'il voyait un micro, il se fermait comme une huître, il était tétanisé. Je me souviens qu'un jour j'ai dû aller repêcher deux journalistes qui, furieux, quittaient le plateau sans avoir eu le moindre mot de Louis de Funès. Eh bien, ils sont revenus et ils ont été heureux car de Funès, qui est un être totalement charmant, a fait une interview épatante. Et voilà ! Voilà comment on juge les gens. De Funès en avait un petit peu marre, lui aussi, d'être considéré comme un artiste qui ne touchait que la classe populaire. Son but aurait été de tourner avec un homme comme Polanski, le côté intello lui aurait fait du bien… Avant de vous quitter, je voudrais vous poser une question. Vous me connaissez bien. Vous appréciez mes qualités et mes défauts. À votre avis, pour quelle raison m'arrive-t-il si souvent de gueuler ?

Galabru est content. La bouche grande ouverte, il attend ma réponse. Je crois la connaître. Mais je reste muet. Je préfère l'entendre me la donner.

— C'est très simple. Je vais avoir quatre-vingt-dix ans et je gueule pour vaincre ma timidité. Oui, vous avez bien entendu : timide. À quatre-vingt-dix ans !

Ce qui me plaît chez Michel Piccoli, c'est le comédien et c'est l'homme. Rien à voir avec le fait qu'il a, au cours d'une longue carrière, défendu nombre d'auteurs ou de réalisateurs dits « intellectuels ». Mais il a gardé en lui une telle jeunesse, une telle fougue qu'il peut servir d'exemple à nombre d'acteurs à la recherche d'une personnalité.

Plus de cent cinquante films au compteur, environ soixante pièces de théâtre. Si vous y ajoutez les nombreuses télévisions, vous aurez un vague aspect d'une carrière d'exception. Ses débuts se situent aussitôt après la guerre. En 1946, Piccoli apprend son métier dans un cours d'art théâtral. Il va même jouer Alfred de Musset avec un partenaire étonnant, Luis Mariano, ce qui ne peut aujourd'hui que le faire sourire.

Plus sérieusement, sa première vraie rencontre fut avec Michel de Ré, sorte de prince du Saint-Germain-des-Prés d'alors. Michel de Ré, un poète grâce à qui il a fait un jour la connaissance de Luis Buñuel…

— Buñuel fut le premier ami dont l'influence a été déterminante, dit-il. Son intelligence, sa chaleur humaine, son charisme résonnent encore en moi comme si je l'avais quitté hier. À six reprises j'ai tourné sous sa direction. Six fois j'ai ressenti le même bonheur.

Michel Piccoli s'arrête quelques instants. On sent que parler de celui qu'affectueusement il appelait « Notre Père » provoque en lui une vraie émotion.

— De *La Mort en ce jardin* jusqu'au *Fantôme de la liberté*, soit de 1956 à 1974, chaque fois que Buñuel me parlait d'un prochain film où un rôle m'était destiné, des frissons me parcouraient. Non pas que tourner sous sa direction fût une partie de plaisir, bien au contraire. Il était d'une grande sévérité envers ceux qui travaillaient à ses côtés. Et comme je ne voulais pas le décevoir, ne serait-ce qu'un court instant, chaque rôle, si petit soit-il, revêtait pour moi une importance extrême.

Michel Piccoli avoue sa disponibilité pour toutes sortes d'aventures.

— Ça ne date pas d'hier, dit-il. Lorsque Jean-Marie Serreau a pris la direction du théâtre de Babylone – qui n'existe plus aujourd'hui –, il fallait mettre la main à la pâte. Ce fut une vraie aventure, passionnante, dont on ignorait totalement comment elle se terminerait. Pour que ce théâtre soit en état de marche, il nous fallait nettoyer les caves, visser les fauteuils, poser les moquettes ! Instants magnifiques où nous, comédiens, jouions des rôles improbables. C'est peut-être ça, la passion du théâtre. Et après, quelle récompense ! La création de dix-sept pièces dont les auteurs furent, entre autres, Samuel Beckett, Eugène Ionesco, Boris Vian… Tous des provocateurs !

— Comme vous l'êtes vous-même, dis-je.

— Oh, oui ! Et dans ma vie privée également.

Là, je l'interromps, car Piccoli déteste parler de ses femmes, qui furent nombreuses, de son mariage avec Juliette Gréco qui fit couler beaucoup d'encre, ce qu'il n'avait pas apprécié du tout.

— C'était bien normal, enchaîne-t-il aussitôt. J'aime m'exposer à travers mes rôles, cela devrait suffire. Pour le reste, qu'on me foute la paix !

Et Piccoli esquisse une de ces colères dont le prototype se trouve dans le film de Claude Sautet, *Vincent, François, Paul et les autres*.

— Vous voulez dire que la fameuse scène du gigot fut écrite en hommage à vos colères personnelles ?

J'ose demander cela.

— Je vous laisse cette assertion, répond-il. Ce qui est certain, c'est que Claude Sautet et moi-même étions comme des jumeaux, des écorchés vifs, des hommes de démesure apparemment calmes et sages, comme le sont quelquefois les hommes de quarante ans. Ainsi que le furent, dans leur siècle, Molière avec son *Dom Juan,* que réalisa en 1965 Marcel Bluwal avec un talent magnifique, et plus près de nous Marco Ferreri, dont les scandales ont éclaboussé quelques Festivals de Cannes. Vous vous souvenez de *La Grande Bouffe* ? Quelle haine à son propos ! Le pire fut la détestation proclamée par ceux qui ne l'avaient même pas vue ! Certains réclamaient la prison pour les auteurs d'une telle saloperie... Quel bonheur pour Ferreri, Mastroianni et les autres ! Ah, je me tape encore aujourd'hui sur les cuisses en y repensant ! Car *La Grande Bouffe* représente les secrets qu'on n'ose pas s'avouer à soi-même, et voir ces secrets affichés sur un écran est insupportable à ces faux-culs. J'ai tourné sept films avec Marco Ferreri, j'en aurais tourné volontiers le double s'il était encore vivant. On a tellement ri ensemble, avec Mastroianni et Tognazzi ! Les fous rires se succédaient lorsque la presse soit nous adressait des louanges, soit nous insultait, nous traitant de tous les noms d'oiseaux. Le vrai bonheur !

Le mot « bonheur » semble troubler la voix de Michel Piccoli. Soudain le ton change. Il devient grave.

— Je suis le seul survivant de ces exceptionnelles aventures. Vous rendez-vous compte de l'hécatombe ! Buñuel, Sautet, Ferreri, Mastroianni, Tognazzi et tant d'autres encore, disparus. Je parle ! Je parle ! Face à moi, un cimetière d'amis, et je témoigne, seul, de nos liens, de notre amitié, de notre travail. En ai-je le droit ?

J'objecte :

— Mais c'est ce que nous faisons tous.

— Mais imaginez qu'ils ne soient pas d'accord, que leurs opinions soient différentes ! Qu'ils reviennent dire leur vérité !

Piccoli devient très grave, alors j'enchaîne :

— Michel, nous ne sommes plus jeunes, ni vous ni moi. Un jour viendra où nous gueulerons outre-tombe pour des raisons identiques. En attendant, rions de tout cœur, sans nous soucier de l'au-delà.

Michel Galabru, Michel Piccoli, et pas de femme ? Me sentant en manque, je suis allé sonner chez l'amie Jeanne Moreau.

Lorsque j'ai quitté France Inter, après vingt-huit années de micro, Jeanne vint découper le gâteau d'adieu. Un geste d'amitié, de gentillesse.

Chez elle, elle me raconte ses débuts dans la vie. Elle ne fut pas toujours cette star connue et respectée. Dans ses années de jeunesse, il lui arriva d'éplucher des légumes, de laver des verres, et elle travaillait l'été dans une auberge. On l'appelait déjà « Mademoiselle ». Aujourd'hui les raisons sont différentes. Si on l'appelle « Mademoiselle », c'est parce que c'est ainsi qu'on appelle les comédiennes, même si elles ont été ou sont mariées.

— Un peu plus tard, me confie-t-elle, je quittai la maison et vécus comme un jeune mec. En vérité comme une jeune femme libre d'aujourd'hui. Étant entrée à la Comédie-Française, je n'éprouvais aucune difficulté à prendre un amant lorsque j'en avais envie et à en changer un beau jour pour en prendre un autre.

Une confidence qui est le reflet de son amour de la liberté. Quittant le Français, elle eut tout loisir de choisir ses films et ses pièces, même si les rôles étaient secondaires. Ainsi dans *Le Procès*, d'après Kafka. Comment imaginer que l'on puisse refuser un rôle à Orson Welles ? Il représentait l'homme de la démesure !

Je l'interromps :

— Comme Piccoli, comme Buñuel !

Elle reprend :

— Mais oui, les génies ont tous pour règle essentielle la démesure. Orson Welles en demandait tellement qu'il ne pouvait plus tourner ! Cette prodigieuse folie qui l'habitait décourageait les producteurs. Lors d'un déjeuner – vous savez qu'il aimait bien « bouffer » –, j'ai senti sa passion si forte que j'ai tout fait pour lui faciliter la tâche. Welles représentait dans le cinéma un être d'exception. Son rire tonitruant résonne encore dans ma tête. Et je me suis toujours demandé si ce rire ne cachait pas une pudeur, une timidité. Si cet ouragan n'était pas en fait la fabrication d'un homme dont la fragilité ne voulait pas se montrer.

Très souvent, j'avais employé des mots identiques pour évoquer Orson Welles…

— Avez-vous lu le livre de Peter Bogdanovich sur Orson Welles ? me demande-t-elle. Un chef-d'œuvre ! Permettez-moi de vous en lire un court extrait : « L'impression qui me reste est celle de Welles exécutant un numéro de claquettes tiré d'une comédie musicale qu'il avait écrite à l'âge de treize ans. La lune illuminait le visage d'Orson, qui nous regardait avec l'air d'un adolescent charmeur pas encore entravé par les légendes, les mensonges, les erreurs, les triomphes et les échecs, et qui avait encore le monde à conquérir. »

Jeanne s'arrête quelques instants. Tout le monde connaît son admiration pour Orson Welles. Il est vrai que le livre de Peter Bogdanovich permet de cerner au mieux le personnage.

Mais un autre réalisateur, Louis Malle, a encore plus que Welles suscité sa passion.

— Louis Malle fut comme un déclic dans ma vie. Et lorsque, après le tournage des *Amants*, nous nous séparâmes, ce fut une réelle épreuve. Vous permettez que je garde ce triste souvenir pour moi ?

Le reste de notre conversation n'offre plus qu'un intérêt quelconque.

— Au revoir, Jeanne. Je vous aime beaucoup.

Je reprends l'ascenseur pour descendre les cinq étages de son appartement. Mais je n'ai pas rêvé… Il m'a semblé, en partant, voir dans ses yeux quelques larmes intérieures qui témoignaient d'un chagrin vieux de cinquante-cinq ans.

À peine ai-je parcouru cinquante mètres que je rencontre Jane Birkin. Avec elle, j'évoque l'exceptionnelle carrière de Michel Piccoli. Je n'ai pas le temps de m'exprimer, aussitôt Jane se met à pousser des cris de joie.

— J'adore Piccoli ! C'est un merveilleux acteur et encore plus un homme chaleureux, délicieux, enthousiaste ! Il m'a appris tant de choses ! Tu sais, dans *La Belle Noiseuse*, j'ai eu le bonheur de tourner à ses côtés. Je ne savais toujours pas grand-chose de la langue française. Je parlais un peu par hasard, sans avoir jamais travaillé. Piccoli a eu une patience d'ange, me reprenant, m'expliquant, comme un gentil prof. Et aussitôt après, chez Patrice Chéreau qui m'engage pour jouer au théâtre *La Fausse Suivante* de Marivaux. Imagine que je ne connaissais pas cet auteur ! Je croyais que c'était une femme : Marie Vau. Tu te rends compte, les lacunes que j'avais… Je ne savais rien ! Quelle patience, Chéreau ! Il a changé ma carrière.

Enfin, je peux en placer une.

— Ta carrière française a débuté en 1968, une date qui a marqué tout le monde, et toi en particulier.

Jane arbore son plus large sourire :

— Et comment ! Je ne parlais pas un mot de français, et Pierre Grimblat m'engage pour tourner dans *Slogan*. Il m'avait vue dans le film de Richard Lester, *The Knack*, où j'avais un rôle auprès de Charlotte Rampling et de Jacqueline Bisset. Trois nanas anglaises ! Il me choisit, moi, peut-être aussi parce qu'Antonioni m'avait fait tourner dans *Blow-Up*, où j'étais entièrement nue, ce qui avait provoqué un énorme scandale en Angleterre. Pour la première fois, on voyait au cinéma une fille nue, intégralement. Bref, Grimblat me donne comme partenaire un pianiste de bar, Serge Gainsbourg…

Pierre Grimblat, en formant le couple Birkin-Gainsbourg, a eu ce jour-là de 1968 une intuition qui aura fait date dans le monde du spectacle. Là, Birkin devient intarissable.

— Qu'est-ce qu'il était mignon, Gainsbourg ! Timide et gentil, délicieux ! En plus, je l'ai trouvé formidable comme comédien. C'est vraiment dommage qu'il n'ait pas joué la comédie plus souvent. Et puis…

Jamais encore je n'avais entendu une comédienne aussi bavarde. Impossible de placer un mot ! Elle enchaîne les événements marquants de sa vie avec un bonheur parfait.

— Et puis, je suis devenue une sorte de symbole érotique. Peut-être la scène de *Blow-Up* y était-elle pour quelque chose. Et Serge était ravi ! La plupart du temps, c'est lui qui mettait en scène les photos pour

Lui ou *Playboy*. Ça l'amusait follement ! Finalement, ça a donné « Je t'aime, moi non plus ». Serge n'a pas écrit la chanson pour moi, mais pour Brigitte Bardot. Après l'enregistrement, Bardot a refusé que le disque sorte dans le commerce. Dommage ! Avec elle, ça aurait été un succès mondial. Alors, Serge m'a dit : « On va la faire ensemble, cette chanson. » Et voilà comment c'est devenu ce que j'appelle un « disque-époque ». Tu sais que le patron de Philips, à Rome, qui le distribuait en Italie, a été mis en prison ? Il a dû arrêter la diffusion du disque. Incroyable, non ? En prison, pour une chanson !

Je connaissais ces histoires. Les plaintes avaient été si nombreuses, venant en particulier du Vatican, que le disque fut retiré de la vente.

Bien sûr, l'époque Gainsbourg a marqué Jane Birkin à tout jamais, puisque aujourd'hui encore les chansons de Serge sont à son répertoire. Mais je n'ai pas le temps de respirer que déjà Birkin enchaîne avec Jacques Doillon :

— Lorsqu'il m'a proposé de tourner *La Fille prodigue*, il a encore changé la perception que le public pouvait avoir de moi. Pour la première fois j'ai été prise au sérieux.

Jane avale sa salive :

— Tu sais, je n'ai plus beaucoup de temps. Mais, avant de te quitter, je veux te parler de deux personnes que j'ai adorées, Pierre Dux et Dirk Bogarde. Et après je file, parce que la vie n'est pas drôle partout. Alors il faut penser aux gens qui souffrent, ailleurs.

En quelques mots, Jane me fait comprendre qu'elle s'occupe de ceux qu'elle appelle « les défavorisés » : les boat-people, la Birmanie (même si une femme merveilleuse essaie de faire sortir ce pays de l'emprise des colonels), la Corée du Nord. Malgré mes nombreuses interrogations, elle ne veut pas en dire plus, et elle ajoute :

— Si je te racontais les détails de certains de mes voyages, ça voudrait dire que je fais tout cela pour me faire de la pub, et c'est tout le contraire. Tu comprends ? Peut-être, un jour...

Je remets donc ma curiosité dans ma poche et, comme promis, elle enchaîne rapidement avec celui qu'elle appelle « Monsieur la Rigueur », Pierre Dux.

— J'ai eu cette chance incroyable de jouer à ses côtés dans une pièce d'Israël Horovitz, mise en scène par Jean-Loup Dabadie, *Quelque part dans cette vie*. Tu te rends compte de la qualité de l'affiche ! Et moi, petite Anglaise échappée des photos érotiques... J'en riais toute seule. Pierre Dux, la rigueur faite homme, qui interprétait le professeur dans la pièce, l'était également dans la vie et sur la scène. À ses côtés, je me suis sentie sécurisée. Tout de suite, grâce à ses conseils, j'ai compris que rien de grave ne pouvait m'arriver. Un dimanche, je me souviens, il me dit avant d'entrer sur scène : « J'ai un trac fou aujourd'hui ! » Alors je lui demande, pour expliquer les raisons de ce trac, s'il a des amis ou de la famille dans la salle. Il me répond : « Mais non, personne. J'ai le trac, simplement. » Quelle conne j'étais ! Je me suis sentie si médiocre avec ma question idiote.

Il reste à parler de Dirk Bogarde, avec lequel Birkin a tourné dans *Daddy Nostalgie* de Bertrand Tavernier.

— Tu ne peux imaginer la tendresse qui a baigné ma relation avec Dirk. Chaque matin, il venait me chercher pour m'amener au studio et, grâce à sa douceur, sa gentillesse, j'avais l'impression que nous nous connaissions depuis toujours. D'ailleurs, je suis sûre que toute ma vie il m'a prise par les épaules et m'a promenée avec sa voix si douce, si tendre.

Et Jane regarde sa montre :

— Oh là là, je dois partir ! Je suis déjà en retard ! Bye, bye ! À bientôt dans la rue ! C'était sympa, cette rencontre !

Jacques Perrin et Michel Piccoli, tous deux serviteurs du cinéma français, devaient me conduire jusqu'au président de la Cinémathèque. Normal ! Ce qui l'est moins, c'est que ledit président est d'origine grecque, puisqu'il s'agit de Costa-Gavras. Si les derniers films réalisés par Costa ne sont pas à la hauteur de ses premières productions, sa filmographie comporte suffisamment de vraies réussites pour qu'il soit considéré comme l'un des plus étonnants réalisateurs français. Ce qui m'intéressait, au cours de ce déjeuner, dans cette taverne où nous goûtions quelques spécialités de son pays, était de connaître comment un enfant qui ne parlait notre langue qu'avec les rudiments appris à l'école allait devenir l'un des porte-drapeaux de notre cinéma. Costa-Gavras, qui n'est pas surpris par ma curiosité, me raconte ses débuts dans la vie :

— Quand la dictature régnait sur la Grèce, mon père, qui était de gauche, subissait la censure des mots. Il avait donc décidé de quitter son pays. Il n'était pas le seul dans ce cas. Il hésita entre les États-Unis et la France. Il choisit Paris. C'est donc ici que je poursuivis mes études. Conjointement, je fréquentais avec assiduité la Cinémathèque de la rue d'Ulm. Et tant pis si les fauteuils craquaient tant ils respiraient le vieux ! Pour 1 franc la séance, je vis les chefs-d'œuvre du cinéma mondial. Mes études de droit m'intéressaient de moins en moins, tandis que les grands films me passionnaient de plus en plus. D'autant qu'en Grèce seuls les films où il ne fallait pas penser étaient autorisés. J'ai donc arrêté les études de droit pour entrer à l'Idhec. Là, j'ai appris toute la technique du cinéma et admiré des œuvres signées Jean Renoir ou Kurosawa. Et, un jour, la chance survint. À l'époque, les réalisateurs avaient coutume de demander à l'Idhec un assistant stagiaire pour une quinzaine de jours. C'est ainsi que je devins stagiaire sur le film d'Yves Allégret, *L'Ambitieuse*, le premier assistant étant Claude Pinoteau. Un homme délicieux qui vient de disparaître et avec lequel j'ai entretenu des relations très amicales. Donc, Claude Pinoteau me propose un jour d'être son deuxième assistant sur un film qu'il doit tourner, mais dans six mois seulement.

« —Peux-tu attendre ? », me demande-t-il.

Sans hésiter j'attends, et six mois après, de stagiaire je deviens deuxième assistant. Ma carrière commence à se dessiner. Pourquoi ai-je dit « carrière » ? Je déteste ce mot, qui n'a aucun sens dans les milieux cinématographiques. On fait carrière dans l'administration, pas au cinéma. Bref, en tant qu'assistant, je poursuis ma route et travaille aux côtés de René Clair, d'Henri Verneuil, de Jacques Demy, ainsi qu'avec René Clément dans *Le Jour et l'Heure,* dont la vedette était Simone Signoret. Des liens d'amitié s'établissent rapidement avec sa famille, puisque la fille d'Yves Allégret et de Simone, Catherine Allégret, était déjà une amie depuis mon stage chez son père. Yves Montand et Simone Signoret m'invitent à La Colombe d'or, à Saint-Paul-de-Vence. J'en profite pour leur montrer un scénario que je venais de terminer, d'après un livre de Sébastien Japrisot dont le titre était *Compartiment tueurs*. À ma grande surprise, Simone me dit un jour :

« — Il est bien, ton scénar. Si tu veux, je peux jouer le rôle de la vieille dame.

— Mais Simone, je n'aurais jamais osé te le proposer ! C'est un rôle très secondaire. »

« — Ça n'a pas d'importance, réfléchis, moi, je suis d'accord. »

Entendant cela, Yves Montand enchaîne :

« — Si tu as un rôle pour moi, je le prends. » Je crois rêver, d'autant que je n'avais pas encore les droits pour le livre.

Je m'exclame :

— Je pense que tu n'as eu aucune difficulté pour cela ! Avec Montand et Signoret à l'affiche, l'affaire était dans le sac.

— D'autant, ajoute Costa, que plein de copains viennent se joindre à nous. Pour un premier film, je dirais – si j'étais croyant – qu'il a été béni. Le succès fut immédiat, et même aux États-Unis certains critiques osèrent écrire qu'il s'agissait de l'un des dix meilleurs films de l'année. Après *Compartiment tueurs,* je voulais absolument tourner un film tiré de l'œuvre d'André Malraux, *La Condition humaine.*

C'est à ce moment-là que je dis en riant :

— Tu n'étais pas le seul à avoir ce projet !

— Oh non, répond-il. *La Condition humaine* fait partie, comme *Cent Ans de solitude* de García Márquez, des œuvres qui hantent la plupart des grands réalisateurs mondiaux. En ce qui concerne le roman de Malraux, le premier reproche que l'on me fit était qu'il y avait trop de Chinois dans le film… À mourir de rire ! J'avais des gens importants qui étaient d'accord pour ce projet. À commencer par Al Pacino. Mais les Chinois eux-mêmes refusèrent de tourner le film… Plus tard, le grand producteur Dino De Laurentiis a tout essayé à son tour. Échec à nouveau ! Peut-être qu'un jour *La Condition humaine* sera portée à l'écran… Mais tout va tellement vite en ce moment dans le monde que le roman sera alors dépassé par les événements.

— Et après, ce fut *Z*, premier grand film politique.

Costa me coupe immédiatement et me dit :

— C'était justement l'argument qu'il ne fallait pas employer ! Le film politique effrayait les producteurs. Tous refusaient de tourner sans qu'il y ait une histoire d'amour. Je ne raconte pas de blague. Sans histoire d'amour, pas de film pour les producteurs français de l'époque. Or, nous étions en 1969. Le putsch en Grèce avait eu lieu deux ans auparavant. Soit on écrivait ce qui se déroulait en réalité, soit il fallait passer à autre chose. Le scénariste du film était Jorge Semprun, un ami de Montand, et nos propres liens d'amitié se renforçaient au fil des jours. Malgré cela, tous les producteurs rencontrés refusèrent le projet, et c'est grâce à Jacques Perrin que la situation s'est enfin éclaircie. Comme il était en bons termes avec les dirigeants d'Alger, on put trouver des extérieurs qui ressemblaient aux paysages que l'on peut voir en Grèce. Ensuite, comme le producteur n'avait pas beaucoup d'argent, la plupart des comédiens et moi-même acceptâmes de travailler en participation. Ainsi le film put se faire – à condition de ne pas dire qu'il s'agissait d'un film politique ! Avec Jacques Perrin nous assistions, dans les salles, au début et à la fin des séances. Cela avait vraiment l'air d'être un bide. Les deux premières semaines furent catastrophiques, puis, peu à peu, le bouche à oreille fit son travail. Le film resta en exclusivité trente-cinq semaines… Ouf !

Le triomphe obtenu par *Z* rejaillit sur Costa-Gavras, qui devint le spécialiste du film politique, comme sur Jacques Perrin qui, à vingt-huit ans, avait damé le pion à la plupart des producteurs français et, de ce fait, s'est changé en un personnage incontournable de notre cinéma. Pour le genre politique dont on pensait à tort que le public ne s'y intéressait pas, ce fut une gifle magnifique. D'autant que Costa enchaîna avec *L'Aveu*, adapté du livre d'Arthur London. Mais là, les réactions furent diverses.

— Oui, dit Costa, plus que diverses. Passionnées ! Avec ce film, on déboulonnait une statue, celle du communisme. Il semblait qu'il existait ailleurs un mode de vie différent. Or, *L'Aveu* démontrait le contraire. Ce fut la rupture brusque avec tout ce que nous avions cru. Personnellement, sans être communiste, je penchais vers ce côté. Il fallait accepter de s'être trompés. D'autant que le scénariste, Jorge Semprun, s'était lui engagé dans la voie du communisme, et pour tous ceux qui croyaient aux vertus de cette doctrine, *L'Aveu* fut reçu comme un coup de canon. Fallait-il croire ou non ? Les refus furent nombreux, les insultes fusèrent. À l'intérieur même du Parti, la bagarre fut sanglante. *L'Humanité* fut violemment contre, différents articles recommandaient de ne pas aller voir ce film, qui n'était que propagande. Bref, c'est dans un climat délétère qu'il sortit.

J'interviens pour dire que le Printemps de Prague avait eu lieu, Dubček avait gagné !

Et Costa de répondre :

— Malgré cela, on ne put tourner en Tchécoslovaquie, où le film fut tout d'abord interdit. Ce n'est que plus tard qu'une séance spéciale eut lieu à

Prague, en présence de tous les dignitaires du monde communiste. Ce jour-là fut extraordinaire. Imagine Arthur London, Jorge Semprun, Yves Montand et moi-même enfin fêtés, embrassés, cajolés comme si *L'Aveu* les avait délivrés de tout leur passé si lourd. Les Tchèques revivaient leur histoire ! Car si un film ne peut changer le monde – ce serait trop facile –, il peut servir à se poser des questions. Et puis, grâce à tout cela, j'ai vécu une grande histoire d'amitié. Avec Jorge Semprun et Yves Montand, nous avons passé des journées de discussions uniques, mythiques, magnifiques ! Un scénariste, un comédien, un metteur en scène, parlant de tout et de rien, s'engueulant, riant, heureux d'être là ensemble ! Malheureusement ils s'en sont allés, je reste seul.

Le moraliste Chamfort a écrit : « La plus perdue de toutes les journées est celle où l'on n'a pas ri. » À ce propos, je vous pose la question : connaissez-vous André Puglia ? Non, et c'est normal. Je vais essayer de vous raconter ce personnage hors du commun.

Premier acte : il a conservé un certain mystère sur son activité dans la Résistance. Il est certain qu'il a toujours fait partie de l'élite qui contribua à chasser les nazis de notre sol. Passons, et respectons son silence à ce sujet.

Deuxième acte : il construisit le Théâtre Fontaine, où il allait connaître d'immenses succès, particulièrement en créant *L'Amour des quatre colonels* avec Peter Ustinov, suivi par un couple qui fit le plein pendant des décennies : Poiret et Serrault. Vinrent ensuite dans sa programmation les Frères Jacques. À partir de ce moment, Puglia fait partie de notre groupe d'amis. Autour de Joseph Kessel se retrouvaient régulièrement dans l'arrière-salle du Val-d'Isère, rue de Berri, le peintre Moretti, Louis Nucéra et moi-même. Très rapidement, Puglia devint notre « tête de Turc ». Voici un court florilège de quelques histoires dont il fut le héros.

Secrétaire d'Horowitz, l'un des grands virtuoses du piano, qui était à New York pour y donner un concert, Puglia recommanda au concierge du Metropolitan Opera de ne laisser rentrer personne. Il insista : « J'ai bien dit *personne* ! » Puis, l'après-midi, il partit faire quelques courses, et jamais il ne put rejoindre le célèbre pianiste, le concierge ayant donné des ordres stricts en conséquence.

Puglia habitait un rez-de-chaussée au fond d'une impasse dans le XVIe arrondissement de Paris. Un soir, son épouse l'appelle : « Au secours ! Viens vite ! J'ai peur ! Des inconnus grattent aux fenêtres ! » Puglia arrive au plus vite et se planque dans l'entrebâillement d'une porte afin de sauter sur les malfaiteurs. Il ignorait que sa femme avait également prévenu la police. Apercevant un homme qui se cachait à proximité, les flics le prirent immédiatement par le col de sa veste et le conduisirent au poste *manu militari*.

Joseph Kessel parle un soir d'un prochain voyage à l'autre bout du monde. « Qui m'aime me suive ! », ajoute-t-il. Comme nous savions que ce voyage était pure fiction, aucun de nous ne bougea à sa proposition..., sauf Puglia, qui frétilla de joie :

— Vous accepteriez que je vous accompagne ? demande-t-il aussitôt.

— Mais bien sûr ! Mais bien sûr ! répondit Jef. Mais vous savez qu'il est nécessaire, pour se rendre dans ces contrées, de faire faire différents vaccins.

Pour Puglia cela ne posait aucun problème. Dès le lendemain, il se rendit à Air France, se fit piquer avec enthousiasme et eut une fièvre de cheval pendant quarante-huit heures. Lorsqu'il apprit que Kessel n'avait jamais eu l'intention de faire ce voyage, il fit à Jef un reproche en ces termes : « J'ignorais qu'un académicien pouvait faire des blagues dignes d'un potache ! »

Raymond Moretti avait réalisé treize toiles de 6 mètres carrés sur le thème des *Cris du monde* (« L'univers concentrationnaire », « Le poulet assassiné », etc.). Après un vernissage chez Dario Boccara, Faubourg-Saint-Honoré, où le Tout-Paris fit un triomphe au peintre, une difficulté subsistait : où et comment accrocher ces immenses tableaux ? Que fit André Puglia ? Il fit construire tout simplement à Thoiry une maison sur mesure pour accueillir les toiles de Moretti. Superbe exemple d'amitié !

Mais, comme Puglia était extrêmement bavard, le peintre, qui ne devait pas et ne voulait pas être dérangé dans son travail, afficha les horaires auxquels il acceptait de parler à son bienfaiteur.

Tel était André Puglia, généreux et insupportable, acceptant tout avec le sourire, et dont il était impossible de connaître exactement, dans sa vie, le vrai du faux.

J'ai énormément ri au cours de mon existence. J'ai adoré rire. Des rires différents, quelquefois nerveux et qui n'ont pas de raison d'être, souvent enthousiastes, saluant le mot superbe d'un ami. Parmi les personnages qui ont déclenché en moi ces fous rires, je me souviens de ceux partagés avec Gérard Oury, malheureusement décédé dans une tristesse totale, et de ceux déclenchés avec Raymond Moretti, qui est mort également après deux années d'atroces souffrances. Et, plus récemment, les rires que j'ai eus avec Claude Chabrol me manquent terriblement.

C'était un personnage superbe, qui riait de tout, Chabrol. Même de lui-même. Il savait se mettre en boîte, critiquer ses propres films, et même la mort ne lui faisait pas peur. Au cours de nos nombreuses conversations, il faisait souvent allusion à Georges Brassens, qui lui-même riait de tout, mais sans doute parce qu'il avait peur de la mort.

— Personnellement, ajoutait-il, elle ne me fait pas rire.

Plus sérieusement, il souhaitait partir avant sa femme, qui s'en tirerait mieux que lui si elle devait rester la dernière. Ses vœux ont donc été exaucés !

Chabrol était vraiment un être exquis. Nous passions ensemble des heures fort agréables, les repas pris avec lui restant des moments privilégiés de ma vie. Non pas que l'on dévorait, mais nous savions apprécier une côte de bœuf cuite comme il convenait, elle-même précédée de quelques cochonnailles de qualité. Car Chabrol était plus un gourmet qu'un gourmand. Il aimait définir ainsi le pire des repas :

— Ce serait une assiette de carottes râpées accompagnées d'une eau minérale, tout en regardant un film d'Arnold Schwarzenegger !

Et il éclatait de rire ! Un de ces rires joyeux, authentiques, qu'il définit mieux que personne dans un livre récent intitulé *Laissez-moi rire*[1] *!*

J'assistai un jour au tournage de l'un de ses ultimes films. À midi sonne l'heure du repas à la cantine. Devinez qui vint s'atteler à faire un tartare gigantesque pour toute l'équipe du film ? Chabrol lui-même, qui pétrit la viande avec une sorte de volupté. Après avoir mélangé les jaunes d'œufs, auxquels il avait ajouté quelques gouttes de Tabasco, il cria : « À table ! » Ce n'est rien, mais le fait de fabriquer un tartare pour tous créa un climat et une ambiance absolument incroyable autour du film.

Chabrol – ce n'est pas un mystère – était un homme qui savait apprivoiser son équipe par sa bonne humeur permanente. Et lorsqu'il faisait une remarque, elle était

1. Éditions du Rocher, 2004.

prise comme il fallait la prendre car elle émanait d'un homme tellement bon, tellement gentil, l'exact inverse d'un Pialat, tellement ambigu, ou d'un Clouzot, tellement obsessionnel.

Oui, il me manque, Chabrol. Au moins une fois par semaine, nous parlions au téléphone de tout et de rien. Du cinéma, de la politique, des projets... c'était une sorte de revue d'actualité où l'humour était au tout premier plan de nos préoccupations. Le sérieux était passé à la moulinette chabrolienne. Et lorsqu'il affirmait que *Mort à Venise*, le film culte de Visconti, avait atteint le comble du ridicule, il était très sérieux dans son exercice de démolition. Ainsi, il ne pouvait supporter d'entendre dans le film le *largo* de la *Cinquième Symphonie* de Mahler, comme si le compositeur n'avait écrit que cela ! Il prédisait que, dans vingt ans, le public éclaterait de rire en voyant *Mort à Venise* de Visconti.

Bien sûr, Chabrol affichait une rare mauvaise foi qui datait de son séjour aux *Cahiers du cinéma,* où il fut journaliste au début de sa vie professionnelle. Il me racontait volontiers les critiques qui assassinaient tel réalisateur, sous le seul prétexte qu'il était aimé par *Positif*. La bataille entre les deux rédactions était telle que ça ressemblait à un jeu d'enfants. Ainsi, sous le nom de Jean-Yves Goute, il signait de nombreuses critiques négatives concernant des films qui possédaient une réelle valeur. Par exemple ceux de Julien Duvivier et, pire encore, de John Ford ! Et même de

Buñuel, qui plaisait à *Positif*! Ils furent sèchement critiqués par *Les Cahiers*…

Il en riait encore, Chabrol. Un rire pas très convaincu, certes, car Claude était loin d'être un méchant, bien au contraire. Il aimait le cinéma, mais il l'aimait sans fard. Et plusieurs années après, il se demandait encore les raisons qui l'avaient poussé à critiquer des films qu'il aimait, comme *Pépé le Moko*, ou *La Belle Équipe*. Son enthousiasme était resté entier. Ainsi, il me racontait *La Règle du jeu,* de Jean Renoir. Il avait la haine contre les producteurs qui avaient obligé le réalisateur à faire des coupes, croyant que le public « adhérerait » mieux. Car si *La Règle du jeu* fut à sa sortie un bide noir, c'est aujourd'hui un des classiques du cinéma français ! Et lorsque Claude me contait cela, il prenait la voix et les accents de chaque interprète ; il connaissait par cœur ce film qu'il avait vu une quarantaine de fois. En fait, Chabrol était un vrai cinéphile.

Lorsque le cinéma français était un exemple, même de l'autre côté de l'Atlantique, l'un de ses personnages clés s'appelait Charles Spaak. Charles Spaak était un scénariste et un dialoguiste tout à fait étonnant, à qui l'on doit par exemple *La Kermesse héroïque*, *La Belle Équipe*, *La Grande Illusion*, *L'Assassinat du Père Noël*, *Panique*, etc. Charles Spaak vivait du côté de Grasse, en pleine campagne. « Ça me repose de l'atmosphère des studios, que je ne supporte plus », me disait-il de sa voix légèrement rocailleuse et hachée. L'homme était massif et, lorsqu'il encensait quelqu'un, il fallait attendre la fin de son discours pour connaître enfin son réel jugement. Il était ainsi, Charles Spaak, charmant, délicieux, mais terrible dans les portraits de ses contemporains.

Même son frère, Paul-Henri Spaak, n'échappait pas à son humour très particulier. Je vous livre ici le portrait qu'il me fit de celui qui était considéré comme l'un des constructeurs de l'Europe, rien que cela ! Paul-Henri Spaak était l'une des personnalités les plus importantes des années 1950. Il fut un esprit brillant, tour à tour bourgmestre de Bruxelles, Premier ministre de la Belgique, fondateur de l'Europe : un être exceptionnel. Ça, c'était le début du portrait que Charles Spaak me faisait de son frère. J'attendais donc la suite ; elle vint, brutale et incisive :

— Un jour, il disparut ! Oh, le grand deuil fut décrété ! La Belgique venait de perdre son plus prestigieux représentant. Que penses-tu qu'il advint ? Les femmes enceintes ont-elles accouché prématurément ? Les rats sont-ils sortis de leurs égouts ? Non, rien ! Absolument rien ! Le grand homme était mort et la vie continuait comme auparavant.

En fait, pour trouver grâce aux yeux de Charles Spaak, il fallait être irréprochable, comme on ne peut l'être en tant qu'être humain. Il suffit de lire son *Journal* pour avoir la preuve du mensonge, de la traîtrise de l'homme. Tout au moins de sa lâcheté.

Fernand Raynaud a parfaitement décrit, dans ses sketchs, les différents défauts dont on n'arrive absolument pas à se débarrasser. Le paysan qui se plaint : « Ça eut payé ! »... La connerie de l'adjudant-chef : « Un certain temps »... Fernand Raynaud possédait toutes les qualités pour tracer à grands traits l'idiot que nous fréquentons chaque jour.

L'angoisse et l'inquiétude rongeaient chaque instant de sa vie. Le moindre froissement de papier pendant la durée de son spectacle le rendait furieux. Il interdisait d'ailleurs la vente des bonbons à l'entracte. Lorsqu'il me parlait, ou me racontait le début d'une nouvelle histoire, il fallait le regarder droit dans les yeux. Sinon le ton changeait :

— Bon, j'ai compris ! Je t'emmerde !

Mais non, Fernand, continue ! Il lui arrivait même de descendre dans la salle, d'engueuler un spectateur qui lui paraissait inattentif, ou de bouger une chaise afin que celle-ci fût bien dans l'axe de la scène.

Malgré les tracasseries quotidiennes qu'il infligeait à son entourage, Fernand Raynaud possédait un cœur énorme. Lorsque Félix Vitry, qui était directeur de Bobino, avait un problème quelconque, telle la défection d'un chanteur, il lui suffisait de passer un coup de fil à Fernand. Si celui-ci était libre, il accourait pour dépanner son ami. Chaque été, il invitait un jeune orphelin à venir passer ses vacances dans sa villa d'Anthéor. Contrairement à ce que pouvaient faire certaines vedettes, il n'en parlait à personne. Il ne désirait pas que ces accents de vérité soient interprétés comme des coups de pub ! Fernand était un homme généreux. On peut s'en rendre compte en appréciant l'humanité qui se dégage de ses sketchs. Écoutez-les et vous aurez la surprise de constater que le temps n'a aucun effet sur eux.

Jean-Louis Trintignant est mon ami, j'aime son humour, souvent noir. Il devrait être britannique ! Depuis toujours, il a éprouvé une certaine difficulté à parler avec les journalistes. Alors, souvent, il raconte n'importe quoi, pour se débarrasser de ce qu'il considère comme une corvée.

Le meilleur exemple se situe à Venise, où il présentait un film d'un réalisateur suisse, Alain Tanner, *La Vallée fantôme*. La scène se passe en 1989. Avant la conférence de presse qui suit la projection, Jean-Louis me confie :

— Je ne sais pas quoi dire, je ne sais pas de quoi parler. Je trouve le film sans intérêt. Dommage, j'estime beaucoup Tanner !

Et voilà que Jean-Louis, au lieu de parler du film, évoque son état de santé et déclare que peut-être il ne pourra plus tourner après celui-là. À demi-mot, il fait comprendre aux journalistes qu'il est condamné par les médecins. C'est ainsi en tout cas que ceux-ci traduisent sa pensée. Et tout naturellement, dans chaque journal, la nécrologie de Jean-Louis est préparée à la hâte. Bientôt un quart de siècle est passé depuis. Par bonheur, Jean-Louis est toujours là !

L'un de ses jeux favoris est donc de parler de son état de santé. Certains jours il est mourant, d'autres il affiche un tel sourire qu'on jurerait qu'il se porte comme un charme.

Il ne faut pas oublier que Jean-Louis Trintignant est avant tout un comédien. Son humour varie selon son état de santé. Son anxiété est telle qu'il peut annuler un contrat sans se rendre compte des conséquences de cette rupture. Par bonheur, que de qualités chez Jean-Louis ! Et surtout une simplicité qui me ravit.

Nous étions ensemble à Barcelone. Un week-end avec Jean-Louis est la promesse de quelques jours délicieux, car l'une de ses qualités est de ne jamais imposer un programme ou une envie quelconque à ses amis. Chacun est libre de déambuler à son gré lorsque l'on part ensemble dans une ville étrangère. C'est ainsi que nous avons joué les touristes, prenant l'un des bus qui nous a baladés dans toutes les artères de la ville. Souvenir de l'« anti-star » par excellence.

Gérard Depardieu. Il est éléphantesque. Tonitruant. Il est l'ami des présidents de France, de Russie et d'ailleurs. Il achète, vend, voyage, il mène mille vies en même temps. Des poulets de Gérard Bourgoin aux puits de pétrole de Fidel Castro, du saucisson aux vignes du Seigneur, tout l'intéresse pourvu que ça fasse du flouze ! Il achète sa valise dans le pays où il va, il peut tourner pour 1 euro ou pour une fortune. Que cherche-t-il ? Allez savoir ! Parti de rien, sans l'ombre d'une culture, il peut disserter sur les poètes et les auteurs les plus pointus. La démesure est son royaume.

Je ne le connaissais pas. Lorsque je préparais les Journées Georges Brassens à Sète, je me trouvai à Cannes sur la terrasse de l'hôtel Majestic. Brusquement, j'entends un cri :

— Asséo !

Je me retourne. Cette voix puissante était celle de Gérard Depardieu, qui me dit :

— C'est bien toi qui vas organiser les Journées Brassens ?

Surpris, j'acquiesce.

— Je veux en être ! s'écrie-t-il.

Et il en fut. Ce n'était pas parole en l'air ! Gérard est arrivé au beau milieu d'une nuit, donnant à ces Journées un lustre épatant.

Un autre jour, à Venise, devant l'hôtel Excelsior, je le croise. On s'embrasse. Il me dit :

— Je sais que tu es copain avec Kessel. Mon rêve est d'enfiler sa veste. Ce serait un rôle formidable.

Depuis, j'ai écrit une pièce sur Kessel. Je lui ai laissé le message. Mais cette fois, pas de réponse. Au fait, je devrais l'envoyer à Poutine, lequel transmettrait !

Vous souvenez-vous que François Léotard fut ministre de la Culture ? C'était à l'époque où Isabelle Adjani, au côté de Gérard Depardieu, tournait *Camille Claudel.* Outre son rôle dans le film, Gérard s'en était octroyé un supplémentaire : celui de gardien de la vertu d'Isabelle.

Le tournage se situait dans le quartier du Marais et, très souvent, à la fin d'une journée de travail, j'allais avec les deux stars boire un verre chez Goldenberg. La vodka au poivre ingurgitée par Gérard comme si c'était de l'eau de source lui permettait de donner le meilleur de lui-même dans son rôle de protecteur. C'est ainsi que, si un personnage inconnu venait parler à Isabelle, la grande carcasse menaçante de Gérard s'interposait immédiatement entre elle et lui.

Un soir, Isabelle Adjani se mit en tête que je devais être nommé directeur de promotion du cinéma français. Elle prit le téléphone et appela immédiatement le ministre de la Culture. La conversation atteignit les limites du surréalisme.

Isabelle Adjani : Vous devez absolument avoir un homme de talent pour diriger la promotion de notre cinéma.

François Léotard : D'accord, mais qui ?

Isabelle Adjani : Je n'en vois qu'un seul, André Asséo.

François Léotard : Qui ?

Isabelle Adjani : Ne faites pas l'ignorant ! Il s'agit du Monsieur Cinéma de France Inter. Il est le seul qui puisse avoir des idées nouvelles.

François Léotard : Je vais y réfléchir.

Isabelle Adjani : C'est tout réfléchi. Vous l'engagerez dès demain !

François Léotard : Mais…

Isabelle Adjani : Il n'y a pas de mais ! Il se présentera dès demain à votre ministère.

Le dialogue s'arrête là. Isabelle, dont l'autorité ne souffrait pas discussion, m'imposa. Je passe les détails. Dans un bureau qui m'était affecté, avenue d'Iéna, je commençai à mettre noir sur blanc les idées que j'avais en tête. Et, au cours d'un dîner au ministère, rue de Valois, où la crème des producteurs et des distributeurs s'était donné rendez-vous, j'eus l'occasion d'exposer mes différentes idées promotionnelles.

Quelques jours plus tard, je revois le ministre et lui demande quand nous pourrions mettre en œuvre ce qui, pour l'instant, n'était que projets. C'est à ce moment-là que ma mission s'est arrêtée, car le ministre, très souriant, me dit :

— Vos propositions me plaisent, elles sont extrêmement intéressantes, malheureusement, je n'ai pas un sou pour les réaliser.

Ainsi, pendant six mois, je fus payé pour élaborer un programme qui ne verrait jamais le jour, car François Léotard se doutait que le budget dont il disposait ne lui permettrait pas de mettre en œuvre une réelle promotion de notre cinéma.

J'ai souvent repensé que ma position, dans cette affaire, fut sans doute celle de nombreux rapporteurs dont l'utilité reste à prouver.

Je ne sais si l'air du temps maussade a une influence sur le comportement de ceux qui sont en charge de notre santé, mais la couleur sombre du ciel semble agir comme un diagnostic. Ayant souffert pendant une dizaine d'années de troubles qui donnaient à ma jambe droite une allure éléphantesque, j'ai suivi un chemin parsemé de charlatans, qui s'intitulaient docteurs, et même professeurs. Le mal dont je souffrais n'entrait pas dans une catégorie bien définie. Ainsi, chacun pouvait improviser sur l'air de ses connaissances, et plus la jambe gonflait, plus le diagnostic devenait inquiétant : je n'échapperais pas à la petite voiture, cela paraissait certain !… L'un de ces imposteurs prédisait même que la gravité de mon état pouvait nécessiter un trépan afin de sectionner la jambe malade. Un autre insistait pour m'opérer des cervicales, « meilleur moyen, disait-il, pour redonner vie à la cheville meurtrie » !… Puis je consultai une sommité qui, après moult examens me transformant en sapin de Noël tant les ampoules scintillaient de mon crâne jusqu'à mes pieds, décréta que la maladie de Parkinson avait frappé mon pauvre organisme. Je devais avaler différentes pilules, dont les effets secondaires agirent sur le foie mais pas sur les jambes.

J'arrêterai ce précis de charlatanisme avec une visite à un praticien dont un autre docteur m'avait vanté les mérites. Après m'avoir examiné pendant une bonne demi-heure, il me fit part de ses réflexions. Il prit son temps, se racla la gorge et, d'une voix grave, déclara :

— Si demain vous perdez du poids sur cette jambe, vous remarcherez normalement.

— Que dois-je faire pour cela ? osai-je demander.

Et le charlatan conclut :

— Bigre, je n'en sais rien. Cela ne fait pas partie de ma spécialité…

Pendant que je me rhabillais, je remerciai ce soi-disant docteur pour sa perspicacité et demandai :

— Combien vous dois-je, docteur ?

Et très calmement il me répondit :

— Trois cents euros.

Le mot de la fin appartient à un simple podologue :

— Savez-vous, me dit-il, que le seul moyen de juguler les œdèmes qui vous empêchent de marcher est simplement de bander votre jambe ? Pour cela, il existe un hôpital spécialisé dans ce traitement.

Eh oui, ma guérison était trop simple pour les grands spécialistes ! Point n'était nécessaire de m'opérer des cervicales, ni d'aller chercher chez Parkinson un remède miracle. Il suffisait de posséder de bonnes bandes et de me transformer en émule de Toutankhamon !

Je vous recommande un restaurant à Nice, derrière le port : le Coco Beach est l'un des endroits où, près des rochers du cap, il fait bon déguster un poisson de la Méditerranée.

Le patron, après que la salle se fut vidée, vers 23 heures, vint s'asseoir à notre table. L'homme était rond, jovial, Pagnol aurait pu s'en inspirer pour quelque histoire provençale. On le sentait en veine de confidences. Il avait en effet, en travers du gosier, une arête de rouget qui n'était pas passée.

Le jour même, vers 13 h 30, huit hommes bien mis, cravatés, assurant fêter l'anniversaire de leur amitié, font leur entrée dans son établissement. Le genre de convives qui rendent un restaurateur heureux. Après le champagne – dom Pérignon s'il vous plaît ! –, et les amuse-gueules, ils tombent la veste, les cravates disparaissent dans les poches. La commande sent la fête : langoustes grillées en entrée, et loup au fenouil en plat principal. En attendant les crustacés, re-champagne, qui arrosera d'ailleurs tout le repas. La bonne humeur règne, chacun y allant de son histoire. L'omelette norvégienne vient clôturer ce banquet, arrosée par la tournée du patron : un petit marc de

Provence de derrière les fagots. Vers 16 heures, l'un de ces messieurs demande l'addition. Elle est colossale. Commence alors la petite bataille à laquelle tous les restaurateurs assistent à intervalles réguliers :

— Non, elle est pour moi !

— Passe-la-moi, on était d'accord !

Chacun des convives insiste pour payer. Après plusieurs minutes de discussion, « à toi… à moi… », le patron suggère de la jouer, cette addition que tous veulent payer. Bonne idée ! La jouer, mais à quoi ? Aux dés, c'est banal. Aux cartes, c'est trop long.

— À la course à pied ! s'écrie l'un d'eux.

La voilà, la bonne idée ! Le patron propose que celui qui sera vainqueur règle la note. Tout le monde acquiesce, dans l'enthousiasme. Quel repas et quelle apothéose ! Chacun de ces messieurs remet sa veste, et ils montent l'escalier qui mène à la route. Le règlement est le suivant : ils vont jusqu'à la maison en contrebas qui fait l'angle, puis demi-tour, et arrivée devant le restaurant. Le patron se met en position de starter : Attention ! Un, deux, trois, partez ! Ils sont partis, ils sont arrivés devant la petite maison du bas qui fait l'angle, puis…

— Je ne les ai jamais revus, conclut le patron, mi-exténué par cette aventure dont il avait été le dindon – chèrement plumé –, mi-amusé et presque admiratif face au culot exceptionnel dont avaient fait preuve ces huit arnaqueurs de génie.

Il est impossible de terminer ces *Aveux* sans avouer la passion que j'éprouve pour le poker.

Je me trouvais à Las Vegas, lorsque j'aperçus une affiche sur laquelle on pouvait lire « Grand Tournoi de poker ». Cette compétition, qui devait durer quarante-huit heures, commençait le lendemain. Mon sang ne fit qu'un tour, je m'inscrivis sans plus attendre. Le règlement stipulait que les tables seraient constituées de six joueurs et qu'au bout de deux heures les trois plus petits tapis de chaque table seraient éliminés. Les trois plus gros tapis restaient sélectionnés pour rencontrer de futurs adversaires, jusqu'au moment où la dernière table, composée des six derniers qualifiés, deviendrait le théâtre de la finale. L'inscription au tournoi était de cinq cents dollars.

Deux cents joueurs environ s'affrontèrent dès le lendemain matin. J'occupais une table composée de deux Texans assez folkloriques et de trois autres joueurs sans particularité précise. Il s'agissait donc de figurer dans les trois meilleurs tapis, et non de gagner en prenant des risques fous. Ce fut une partie assez sage et, au bout des deux heures prévues, je me trouvai, sans trop de difficulté, qualifié pour la suite du tournoi, les deux Texans n'ayant pas pesé lourd dans la bataille.

Après trente minutes de repos, on remet ça. Je vous fais grâce des commentaires relatifs aux différentes tables que j'ai occupées. L'important fut que j'étais toujours dans le coup au deuxième jour. La nuit se révéla difficile. Dans mon demi-sommeil, je voyais défiler des cartes, encore des cartes... Les brelans, les quintes, les fulls opposés à des jeux supérieurs... mon tapis fondait... Il ne me restait que quelques dollars... Je courais à la catastrophe... Cauchemar...

Enfin, le matin arriva. Il restait, à midi, quatre tables de six joueurs. Je pensai à Steve McQueen au cours de la grande partie qui l'opposait à Edward G. Robinson dans *Le Kid de Cincinnati*, film culte pour tout amateur de poker. La concentration d'abord. Deviner les intentions de l'adversaire. Traduire chacun de ses gestes, de ses tics. Je me trouvais en demi-finale. Il fallait encore se placer parmi les trois premiers de la table. Le jeu était serré. Les joueurs n'appartenaient plus au genre folklorique de ceux qui avaient disputé les premières manches. Je sentais que chaque geste, chaque relance étaient étudiés, pesés en fonction de son propre tapis, mais aussi de celui des adversaires. Au bout d'une heure cinquante, soit dix minutes avant le terme de la partie, ma situation était très moyenne. Deux joueurs semblaient dominer, et nous étions quatre sur la même ligne. C'était donc contre l'un d'eux que je devais porter l'estocade. On donne les cartes : je « monte » quatre piques et un carreau. À ma droite, le joueur relance. Je suis. Les autres laissent tomber cette donne. Je me trouve en tête à tête avec ce joueur dont le tapis est pratiquement identique au mien. Un homme rougeaud, à la peau grasse. Il demande deux cartes. Comme il a relancé, j'en déduis qu'il a un brelan en main. Je prends une carte, écartant le carreau. J'espère « monter » un pique afin d'avoir la couleur. Je file. J'aperçois une ligne noire. Le cœur bat la chamade. J'écarte le jeu, c'est un trèfle, un sept de trèfle. Mon adversaire envoie trois jetons de cent dollars sur le tapis. Je n'hésite pas, mon réflexe est immédiat : sept cents dollars. Le gros homme se met à transpirer. Sur ma prise d'une carte, il pressent un jeu supérieur. Mais il sait aussi que je peux bluffer. Il réfléchit, se prend la tête à deux mains. Je lui adresse un léger sourire, signe de décontraction. En vérité, mon pouls doit battre à deux cents ! S'il suit, il gagne, et je me trouve éliminé. S'il passe, mon bluff réussit et je suis assuré de figurer dans les trois premiers. Mais il a encore une chance de se refaire dans les dix minutes restantes. Tout cela, il le pèse, le soupèse, et brusquement envoie les cartes sur la table et crie : « Passe ! » Ce jeu devrait être interdit par la faculté de médecine. Dix minutes plus tard, j'étais qualifié pour la finale, qui avait lieu à 18 heures précises.

J'avais deux heures devant moi pour me décontracter. Je pensais à ces parties de poker, à Nice, qui duraient quarante-huit heures. Je faisais équipe avec

Georges, un ami avec qui je partageais tous les gains enregistrés… et les pertes, bien entendu. Georges avait la particularité de pouvoir bouger le pavillon de son oreille droite sans qu'un seul muscle du visage ne frémisse. Ce signal m'indiquait que son jeu était d'une faiblesse totale. Avec Georges, nous jouions à tout: poker, belote, bridge, dés, ping-pong… Tout était prétexte à jeu. Ce n'était pas Macao, mais ça aurait pu le devenir ! Par bonheur, j'étais sorti de cette spirale, car l'ami Georges quitta Nice et, avec une volonté farouche, reprit ses études pour monter un à un les échelons de l'administration et terminer sa carrière comme l'un des directeurs commerciaux les plus brillants d'EDF. De mon côté, Radio Monte-Carlo m'avait ouvert d'autres perspectives que les soirées enfumées autour d'une table de poker.

Il était temps de se rafraîchir le visage et de redescendre pour disputer cette finale. Nous étions donc six joueurs réunis dans une salle tapissée de velours grenat. Une épaisse moquette ajoutait au caractère ouaté du lieu. L'arbitre, en termes solennels, nous fit ses dernières recommandations. Les places furent tirées au sort. Nous avions devant nous mille dollars en jetons. Le jeu durait un maximum de trois heures. Le joueur qui avait à ce moment-là le plus fort tapis était déclaré vainqueur et empochait la somme de quinze mille dollars. Chacun dévisage son voisin. On tombe la veste. La partie peut commencer. Les cinq autres joueurs étaient tous américains et, d'après leurs accents, devaient venir d'États différents, la côte Ouest semblant être la mieux représentée.

Les premières donnes sont sans relief particulier. Chacun reste sur ses gardes. Les relances sont timides. Au bout de dix minutes, la partie n'a pas vraiment commencé. Soudain, je sens un frémissement. Je prends mes cinq cartes : deux dix, trois rois. Full servi ! De plus, je me trouve idéalement placé, étant le dernier à parler. Le premier joueur ouvre : cinquante dollars. Tout le monde suit. Je relance à cent cinquante dollars. Deux joueurs passent et trois suivent. Ils prennent chacun trois cartes, ils ont donc tous une paire. Parfait ! J'annonce : « Servi ! » Les visages se creusent. Je prie pour que mes adversaires « montent » un brelan, afin qu'ils aient la tentation de me suivre. À la sortie, j'annonce cent cinquante dollars. « Passe », « passe ». À ma surprise, le troisième joueur relance : trois cents dollars. Je n'hésite pas une seconde : tapis ! « OK ! », dit l'autre. Il avait tiré un carré d'as. Quatre as ! Inimaginable ! Le petit homme mince arborant une moustache à la Charlie Chaplin ramasse la mise et me gratifie d'un léger « Sorry ! ». Je remets ma veste. Impossible de rester une minute de plus. Les autres joueurs sont éberlués. Un grand silence. J'ai une folle envie de lui faire avaler sa moustache ! Mais non, je suis sonné, groggy. Avec un full aux rois servi, tomber sur un carré, ça arrive une fois par siècle !

La finale fut de courte durée pour moi. C'est le jeu. Imprévisible et excitant. Perdre fait partie des émotions que l'on éprouve au poker. Tout cela n'est finalement qu'une distraction, un passe-temps. J'allai me venger pendant cinq minutes sur les machines à sous et remontai précipitamment dans ma chambre. En attendant mon *cheeseburger,* j'ouvris un journal et je lus cet écho : « Un mégot de l'actrice Bette Davis a atteint aux enchères trois cent quarante-cinq dollars (environ deux mille francs de l'époque), ce mardi à Los Angeles ». Des informations pareilles vous rabibochent avec le genre humain. Après de telles nouvelles, on peut s'endormir tranquille. Il y a encore de beaux jours devant nous !

Tout au long de ces années privilégiées, l'amitié, la chaleur des rapports, la famille de cœur construite au fil de la vie ont tissé autour de moi un rempart puissant. Bien sûr, les jours de tristesse, d'abandon, de deuil ne m'ont pas épargné. Lorsque je me trouvais seul, embarqué dans un de ces virages de l'existence, j'ai toujours reçu la réelle preuve d'amitié dont j'avais besoin en ces instants : la présence. Ainsi, ce couple m'appelait simplement vers 11 heures, le matin :

— Ton couvert est mis. On t'attend.

Rien à voir avec le « Viens quand tu veux... », qui sonne creux et auquel une suite est rarement donnée. Puisque le couvert était mis, je me rendais plusieurs fois par semaine – semaines de cafard –, à Neuilly, chez Huguette Debaisieux et Pierre Lary. Elle fut grand reporter, ayant couvert les guerres au Pakistan et en Irlande, lui cinéaste, pendant dix ans l'ombre et le bras droit de Luis Buñuel. Elle, angoissée et écrivant sans cesse sur son ordinateur des fictions qui ont fait le bonheur des télévisions françaises, lui réalisant film après film, avec calme et sérénité, imaginant ses plans de tournage dans sa cave aménagée en bunker de travail.

C'était un couple, au vrai sens du mot. Le couple où l'un complétait l'autre, où le tempérament d'Huguette et le calme de Pierre formaient un ensemble indissociable.

Seule la maladie pouvait les séparer. Elle est venue, cette saloperie qui ronge le corps sans que l'âme conserve le moindre espoir. Huguette, foudroyée pendant un été pourri, s'en est allée en conservant sa dignité et en esquissant encore des sourires, comme pour nous empêcher de donner libre cours à nos sanglots.

Nous étions, Huguette et moi, comme chien et chat. Complices en tout, d'accord sur rien, nous engueulant pour des broutilles mais sachant pourtant préserver l'essentiel.

Notre amitié allait au-delà des conversations politico-artistico-humanistes. Ce n'était là que le hors-d'œuvre. La vie de chacun, ses problèmes, ses joies et ses peines, Jérôme et Lorène, ses enfants, Pierre, son homme, qui veillait avec tranquillité sur chaque instant de leur existence, avaient des résonnances intérieures autrement fortes et représentaient l'essentiel de nos liens.

Lorsqu'elle exerçait son métier de grand reporter, elle y mettait une fougue, un enthousiasme qui laissaient ses confrères sans voix.

Nous sommes au Pakistan, alors en guerre contre l'Inde.

— Taxi, vous êtes libre ?

Elle s'engouffre dans la première voiture et indique la direction :

— Le front !

— Mais madame, c'est trop dangereux. Je ne peux pas y aller ! rétorque le chauffeur.

Une bordée d'injures fond sur le malheureux, qui ne pouvait soupçonner que cette femme était une tornade.

— Allez, on y va !

Médusé, l'homme met le véhicule en marche, supplie d'arrêter à chaque kilomètre parcouru et, après moult jérémiades, il abdique devant le courage de cette femme.

Lorsque, vers 16 heures, Huguette s'en retournait, elle apercevait dans le hall de l'hôtel tous les planqués qui sirotaient un whisky au bar, et qui, à l'aide des dépêches d'agence, dictaient leurs papiers en se faisant passer pour des héros.

Elle ne savait pas truquer. Il fallait qu'elle dise, haut et fort, ce qu'elle avait sur le cœur. Et comme ce cœur débordait dans tous les sens, elle eut quelques batailles mémorables. À son actif, un passant giflé à Johannesbourg, un spectateur à New York, un nageur à Paris. On en a ri, de ses accès de colère, de son enthousiasme qui débordait, comme on s'est émus de l'amour prodigué à ceux qu'elle aimait.

Huguette était simplement une femme. Pas parfaite. Mais exceptionnelle. Lorsque monsieur le curé, lors de ses obsèques, prédisait que Jésus lui-même l'accueillerait dans Sa Maison, il ne pouvait imaginer le raffut qu'elle a dû y faire. Pauvre Jésus, sûrement peu habitué à se faire engueuler pour un oui ou pour un non ! Il eût été mieux inspiré de la laisser parmi nous. Nous n'aurions pas eu à vivre les émotions du cimetière fouetté par le vent froid de décembre où, accompagné par les voix d'Ella Fitzgerald et de Louis Armstrong, Pierre Lary a eu la force de murmurer, dans un sanglot :

— Nous nous sommes aimés.

Pierre et Huguette se sont connus du côté de Belfast (drôle d'endroit pour une rencontre !), là où les hommes ont guerroyé pendant deux siècles pour faire triompher leurs conceptions religieuses. Orangistes et catholiques ne cessaient de pleurer leurs morts que pour tuer d'autres hommes et femmes. Ces combats sont si absurdes et cruels que les interrogations qu'ils suscitent ne trouvent pas de réponse. Déjà, sur ces mêmes lieux, Joseph Kessel, jeune journaliste de vingt-deux ans, réalisait en 1919 son premier grand reportage pour le *Journal des débats*. Il chercha en vain Michael Collins, qui incarnait la révolte catholique en lutte contre l'omniprésence protestante. De ce voyage, où il prit tous les risques, Kessel rapporta l'idée d'un roman qu'il publia quelques années plus tard : *Mary de Cork*.

Comme promis, je vais finir par le commencement, là où aucun souvenir ne vient parsemer ma mémoire.

Je suis, paraît-il, né à Paris. J'aurais dû connaître le parc Monceau où, d'après mes parents, je faisais des châteaux de sable. Accompagné par Marthe, la nounou qui prenait soin de moi, je rentrais très tôt à la maison, boulevard Pereire. Nord ou sud, ça je l'ignore. À 18 heures, j'étais couché. Je n'ai jamais vu, paraît-il, un croissant de lune. Ainsi, ma vie nocturne se terminait lorsque tout être humain commençait la sienne.

Je ne possède en moi aucun souvenir de mes cinq premières années à Paris. Aucun. Pas un zeste de la maison où j'habitais, aucune idée de ma chambre, pas un trait du visage de Marthe – a-t-elle réellement existé ? Même pas un souvenir de mes parents. Leur voix, leur rire me sont étrangers, jusqu'à notre départ pour Nice.

Nous étions en 1933. Déménager, à cette époque, se rendre à mille kilomètres du domicile habituel, devait poser de sacrés problèmes. Mon père a pris cette décision pour des raisons suffisamment importantes, je le pense. Mais je les ignore, car le petit garçon que j'étais ignorait tout. La vie, ma vie, se faisait en abstraction totale de la réalité.

Donc, j'avais cinq ans lorsque le voyage de Paris à Nice fut effectué. Comment ? Eh bien, ça aussi, je l'ignore. Sûrement en voiture, ou en train. L'aventure aurait dû être suffisamment longue pour qu'il m'en reste quelques épisodes en tête, or je n'ai aucune idée de la manière dont ce voyage se passa. M'a-t-on donné un calmant quelconque afin que je ne m'aperçoive de rien ? J'en doute. Cependant, ne pas me souvenir de mes jouets, ni des habitudes qui semblaient régler ma vie quotidienne et qui changèrent brusquement d'un jour à l'autre, ni d'aucune conversation qui aurait dû piquer ma curiosité, tout cela me laisse songeur. Plus que songeur, d'ailleurs ! Ne rien connaître des premières années de ma propre vie, ça ne m'a ensuite jamais posé problème, sinon j'aurais très bien pu poser quelques questions à mes parents, une fois adulte. Curieusement, jamais je n'ai songé à les leur poser. Il s'agit là d'un mystère. Jusqu'à aujourd'hui, l'indifférence concernant ces premières années est troublante. Je me suis toujours foutu de ces années d'enfance dont ma mémoire ne conserve aucun souvenir…

À la réflexion, mon attitude n'est pas normale. Bien souvent, mes amis parlent de ce qui leur est arrivé lorsqu'ils avaient trois ou quatre ans. Je n'arrive pas à les croire puisque, en ce qui me concerne, j'ai l'impression d'être né vers ma sixième année.

Par la suite, le même flou s'appliqua à mon enfance. Les conversations que j'eus avec mes parents se résumèrent à des formules toutes faites. Jamais n'étaient évoqués la vie de tous les jours, les difficultés, les spectacles. Aucune idée ne me fut fournie concernant les rapports avec le genre féminin. La seule phrase dont je me souvienne vient d'une conversation où mon père parlait d'une putain. Pour que je ne puisse le comprendre, il avait épelé le mot : « C'est une P-U-T-A-I-N. » Mais, en articulant chaque lettre, il a attiré ma curiosité, puisqu'il s'agit là de la seule bribe de dialogue dont j'aie conservé le souvenir. C'est peu, me direz-vous. Hé oui ! Autant dire que je ne savais rien sur aucun sujet ; je peux même me tresser une couronne pour avoir enfin compris à quoi pouvait bien servir mon sexe. Fort longtemps, j'ai cru qu'il n'existait que pour faire pipi !

Il a fallu que l'Allemagne nazie nous envahisse pour qu'enfin je me souvienne du danger quotidien que nous courions. En tant que juifs, nous dûmes quitter Nice pour éviter que les Allemands, qui venaient d'envahir la zone Sud, ne nous envoient dans des camps où la mort attendait les pauvres déportés. Ça, je le savais. Par quel mystère la nouvelle m'était-elle parvenue, je n'en ai aujourd'hui pas la moindre idée… En tout cas, l'intention de ficher le camp fut bonne puisque, lorsque nous revînmes deux ans plus tard, l'appartement avait été totalement pillé. Même les ampoules électriques avaient disparu.

Pour aller nous réfugier à Pau, mes parents et moi prîmes l'avion. C'était à l'époque un mode de transport très peu utilisé. La première escale fut Montpellier. Le coucou dans lequel nous effectuions notre baptême de l'air fit un atterrissage sur un terrain qui ressemblait plus à un champ de pommes de terre qu'à un aérodrome. Le sac placé devant moi fut rapidement rempli tant les secousses remuaient mes entrailles. La seconde étape, Montpellier-Pau, fut plus calme. Et je m'aperçus que mon père, qui était placé à côté de moi, restait droit sur son siège, quelles que soient les circonstances. Ainsi, lorsqu'il voulait consulter sa montre à gousset, il la portait à hauteur des yeux au lieu de baisser son regard. Cette attitude déclencha chez moi un fou rire que je m'efforçais de ne pas montrer et elle eut un certain avantage, stoppant mon mal au cœur.

Enfin, nous arrivons à Pau, terminus de notre périple. Et dire que certains hommes politiques prétendaient ignorer la réalité des camps ! Alors que l'on fuyait l'occupant nazi, d'autres Français, adeptes du régime de Vichy, affirmaient ne pas connaître les raisons de la déportation. Alors que Dachau, Buchenwald et d'autres camps accomplissaient leur travail de mort, quelques hommes se réfugiaient dans l'ombre des étoiles de Pétain, préférant ne rien savoir. Leurs yeux se sont ouverts plus tard ! Mais sous l'autorité de Pierre Laval, qui avait décidé que les enfants juifs devaient également être déportés, quelques-uns, dont Laval lui-même, voulurent s'en tirer en affirmant avoir sauvé de la mort une ou deux familles juives !

Je referme cette horrible parenthèse. À Pau, nous nous installons dans un hôtel où nous allons vivoter quelques jours. Mais brusquement, une rumeur, affirmant qu'une grande rafle sera organisée le soir même, sème la panique. Mes parents décident de rester dans notre chambre. Pas de dîner ce soir-là. Pas un bruit. Pas de conversation. Vers 21 heures, alors qu'un silence pesant règne, trois coups sont frappés à la porte : *Tac ! Tac ! Tac !* Trois coups horribles, terribles, qui nous glacent le sang. Mon père va ouvrir, ses jambes tremblent.

— Je vous apporte des draps propres, dit la femme de chambre.

Dans un silence de mort, elle pose les draps sur le lit sans qu'aucun mot soit prononcé. La peur nous avait anéantis. À tel point que, le lendemain matin, l'immense trouille ressentie était restée dans mes yeux. J'avais une jaunisse.

Quant à mes parents, ils prirent la décision de quitter cet hôtel dans les plus brefs délais. Mais où aller ? Ils cherchèrent un petit appartement meublé où nous ne connaîtrions personne, où aucune rumeur ne pourrait venir nous dénicher. Le danger était tel que notre vie se jouait à chaque minute. Tout soldat allemand croisé dans la rue était un rappel de l'immense peur ressentie cette nuit-là. Assez rapidement, mon père trouva un petit meublé tranquille, et la vie s'organisa tant bien que mal.

Mon occupation principale consistait à marquer les lignes de front à l'aide de petits drapeaux. Bien sûr, on écoutait la BBC chaque soir, l'oreille collée contre le poste. Les messages personnels auxquels nous ne comprenions rien se succédaient. Dans ma petite tête avide de savoir, j'imaginais la signification de « Demain nous irons aux champs »… « Les cocottes ont perdu de leur saveur » ou « La bicyclette est bleue » prenaient un sens que mon imagination rendait triomphant. Quant aux informations, elles permettaient de faire évoluer mes petits drapeaux, que ce soit en Afrique ou sur le front russe. Quelle leçon de géographie ! Désormais, chaque ville, chaque bled était répertorié au fur et à mesure que les Alliés chassaient l'ennemi. Des cris de joie saluaient chaque place perdue par la Wehrmacht. Ainsi, renonçant à suivre les cours du lycée, j'étais devenu une sorte de chef d'état-major des troupes alliées, ayant comme lieutenants des généraux russes, américains, anglais, et même français. Aucun gradé ne récolta de ma part autant d'enthousiasme que de Lattre de Tassigny. Seul Eisenhower, lorsque eut lieu le débarquement en Normandie, connut une heure de gloire plus intense.

L'avance des Alliés en France se lisait sur les murs de notre meublé. Dans l'enthousiasme d'une victoire qui se dessinait, je ne parvenais pas à respecter mon programme scolaire. Et lorsque enfin le grand jour arriva, lorsque mes parents décidèrent de rentrer à Nice, ce fut une explosion de joie. Le secret n'en était plus un ! Je clamai au lycée mon prochain départ pour Nice, mon père ayant trouvé un chauffeur qui nous conduirait avec sa voiture à gazogène jusqu'à notre domicile niçois. Le chauffeur hésita longtemps car, disait-il, « ma voiture sera trop chargée pour un voyage aussi long ». Son pronostic fut le bon : nous n'étions pas arrivés à Tarbes, c'est-à-dire à 30 kilomètres du départ, que nous tombions déjà en panne. Et je me revois sur la route, assistant à la discussion : devions-nous continuer ou au contraire faire demi-tour ?

Je priais de tout mon cœur car, ayant clamé en classe que je quittais la ville de Pau, j'avais joué la carte du cancre. Ainsi, lorsque le prof m'appelait au tableau, j'avais le culot de répondre :

— Non, monsieur, je n'y vais pas.

— Deux heures de colle !

— Je m'en fiche !

Ce dialogue enchantait les élèves, qui applaudissaient à chaque réplique, si bien que la dernière semaine j'avais récolté des heures de colle pour l'année entière. Imaginez donc mon état d'esprit lorsque le voyage fut remis en question !... « Oh ! Non, non, non ! Mon Dieu, faites que le chauffeur accepte ! » Et le chauffeur accepta. Sauvé par sa grâce, par Dieu, et par qui vous voulez !

L'arrivée à Nice fut très différente. Lorsque, fatigués par ce long voyage, nous pénétrâmes dans notre appartement, la surprise nous attendait : pas un meuble, pas même une ampoule ! Le pillage était complet. « Mon père avait raison ! », se serait exclamé Sacha Guitry. Mes parents durent racheter les meubles nécessaires pour vivre, et un jour, passant devant la boutique d'un antiquaire, mon père aperçut en vitrine une bibliothèque chinoise qui s'était trouvée dans notre salon. Il dut elle aussi la racheter.

J'ignore quelle fut la conversation, ou plutôt la négociation entre le commerçant et mon père. Et je m'en veux aujourd'hui de ne pas avoir été plus curieux à propos de cette période, pendant laquelle rien ne m'était confié et où je ne posais aucune question. Aujourd'hui, alors que je n'ai aucune chance d'obtenir de réponse, le seul regret que je puisse avoir est de ne pas avoir posé les bonnes questions. Mais alors, si j'avais su… ce chapitre n'aurait eu aucun sens !

Du plus loin qu'il m'en souvienne, j'étais en classe de cinquième au lycée de Nice. Dans ce même établissement où Joseph Kessel et Romain Gary avaient également fait leurs études. À l'âge de onze ans, mon esprit commençait à vagabonder au-delà des pupitres de l'école. Mes notes souffraient de mon évident manque d'attention. Je pris alors l'exécrable habitude, avant de faire signer le carnet à mes parents, d'ajouter un 1 devant les 3, 5, 6 sur 20 que j'avais récoltés pendant la semaine. 13, 15, 16 me paraissaient plus en rapport avec l'affection que ma mère me portait.

Elle lisait le carnet, apposait sa signature, elle était contente, me tapotait la joue. Il ne me restait ensuite qu'à gratouiller avec soin le 1 frauduleux. Pendant quelques semaines, ce manège fonctionna parfaitement, puis il s'interrompit brusquement en classe de français. Le professeur était un petit homme sec et sévère avec lequel il valait mieux ne pas plaisanter. Son attitude aurait dû me rendre plus prudent. Il ramassa tous les carnets pour y inscrire les nouvelles notes. Pourquoi, ce jour-là, prit-il le temps de feuilleter mon bulletin en sens inverse ? Je vis son visage se figer sur une feuille précédente, puis avec précipitation le relire depuis les premières pages. Mon sang se glaça lorsque son regard se posa sur moi, sans un mot, sans un geste. Je baissai les yeux. Ma condamnation était certaine. Il me fallait endosser une responsabilité que je n'avais pas la force d'assumer. Au lieu de convoquer mes parents pour leur faire savoir que j'avais triché, il inscrivit sur le maudit carnet : « Votre fils trafique toutes ses notes. » En même temps il ajouta, d'une voix qui résonne encore en moi après toutes ces années :

— Vous me rapporterez cela demain, revêtu de la signature de vos parents.

C'était trop. Pour un gosse de onze ans, il n'y avait pas de guerre d'Algérie ou du Viêtnam, pas d'impôts ou de crise économique… Le monde se résumait à mes propres problèmes, qui prenaient parfois des dimensions tragiques. L'idée de devoir dire à ma mère : « J'ai triché, j'ai falsifié mes notes », m'était insupportable.

Je rentrai à 16 h 30 chez moi, les jambes tremblantes. Il n'y avait personne à la maison. Que devais-je faire ? Comment aborder ce problème ? Impossible ! La seule solution envisageable était de mourir. Oui, c'est bien de cette manière que devait se régler mon cas. Mais comment mourir ? Toutes les possibilités me vinrent à l'esprit. À ma connaissance, il n'y avait ni arme à feu ni poison dans la maison. Il ne me restait qu'une alternative : soit le balcon, soit le grand couteau de cuisine. Le saut dans le vide, il ne fallait pas trop insister. Enjamber la terrasse et passer une jambe au-dessus me paraissait trop compliqué, trop difficile. Le grand couteau ferait mieux l'affaire. Un coup puissant à l'estomac, et adieu ces problèmes de notes ! Je m'allongeai donc sur mon lit et pendant une heure je cherchai la meilleure manière de mourir de ce coup de couteau. Un coup sec ou en appuyant petit à petit ? Les deux possibilités m'étaient offertes. Mais le courage me manqua. Mes nerfs prirent le dessus. Lorsque ma mère rentra, elle me trouva en proie à une vraie crise de nerfs. Comme j'étais incapable d'articuler une seule parole, son angoisse ne fit que croître. Plus je la voyais inquiète à mon sujet, plus je sanglotais. Et ainsi, dans ses bras, noyé de larmes, je finis par avouer mon forfait. L'inquiétude de ma mère fit place à sa colère ; les deux gifles qu'elle m'administra m'apportèrent le soulagement attendu, la crise avait atteint son paroxysme.

Mais je compris ce jour-là qu'en accentuant mes larmes et mes cris je réussissais à émouvoir. Et, quelques mois plus tard, quand on me posa la question classique : « Que veux-tu faire quand tu seras grand ? », presque sans réfléchir, je répondis : « Je serai comédien. »

Encore quelques mots concernant cette adolescence un peu troublée. J'avais choisi l'allemand comme seconde langue, un choix bizarre que je ne m'explique toujours pas. Pourquoi vouloir apprendre la langue de Goethe et non l'italien ou l'espagnol, qui correspondaient davantage à mon tempérament latin ? Toujours est-il que je m'étais embarqué dans une galère dont je n'allais sortir qu'à la faveur d'un scandale.

Sur mon pupitre, divers livres, dont un relié en cuir, faisant partie de la collection complète des œuvres d'Alfred de Musset qui appartenait à ma mère. À côté de moi, j'avais le cancre de la classe, un gros garçon pas très éveillé qui feuilletait des bouquins visiblement pas au goût de notre professeur. Celui-ci était un personnage inquiétant, aux réactions soudaines, qui parlait avec application et haussait le ton violemment sans raison apparente. Son regard se faisait perçant et il fronçait les sourcils d'un air farouche lorsque le moindre bruit se faisait entendre. Les mots basiques de cette langue résonnent encore en moi lorsque ce M. Martin s'écria :

— Vous, là-bas ! Apportez-moi ce que vous lisez !

Mon cancre de voisin était interpellé. Que lisait-il ? Mon bouquin de Musset ! En moi-même, je me disais que le prof allait être très embêté s'il croyait que c'était une bande dessinée ou un livre porno. Non, M. Martin prit l'ouvrage, l'examina et se mit à hurler :

— On ne lit pas Musset en classe d'allemand !

Mon cancre de voisin fut pris de tremblements face au professeur. Celui-ci, ivre de colère, perdant tout contrôle, prit le livre à deux mains et d'un geste rageur le déchira en deux morceaux, qu'il jeta à terre. Mû par l'indignation, je bondis :

— M'sieur ! C'est mon livre !

— Ah, il est à vous ? enchaîna le prof. Vous aurez quatre heures de colle.

La révolte se mit à gronder en moi.

— C'est injuste ! Vous n'avez pas le droit ! C'est dégueulasse !

Les invectives plurent, et le prof dit :

— Dehors ! Foutez-moi le camp ! À la porte !

Je me sentais condamné à tort face à ce tortionnaire des lettres. Déchirer un livre ! En cuir, de surcroît ! Je pris mes affaires, descendis vers M. Martin et j'eus là un réflexe extraordinaire. Je saisis au passage son stylo et, d'un coup de pied rageur, l'écrasai sous ma chaussure. C'en était trop ! Tous les élèves furent debout, vociférant, oubliant enfin leur crainte, hurlant mon nom sur l'air des lampions. Un responsable du lycée se précipita alors et vit une classe en état d'insurrection, un professeur atterré, et un élève qui montrait un livre déchiré à terre.

— Il n'a pas le droit ! Il n'a pas le droit ! m'écriai-je.

Je n'avais plus que cette phrase à la bouche. Bien sûr, nous fûmes conduits chez le proviseur. Je m'efforçais de me calmer afin de justifier la scène. Peu à peu la tension retomba, le professeur fut blâmé, moi également, mais j'éprouvai ce jour-là une sorte de fierté : ne jamais accepter l'injustice, quelles qu'en soient les conséquences. Ce fut l'un des premiers instants où l'adolescent que j'étais commença à devenir un homme.

J'ai été élevé sur les bords de la Méditerranée, là où la mer se fait oublier, rejetant sur le rivage des vaguelettes si minuscules qu'elles en sont quelquefois ridicules. Certains jours, rien ne bouge. Les bruits frisent l'imperceptibilité. D'autres jours, l'écume se forme et rapidement les châteaux de sable sont submergés, la mer se fâche sans raison, emprisonnant les vacanciers navigateurs sur leur pédalo. Malgré cela, la mer fait rêver. Nombreux sont ceux qui, la nuit, s'imaginent partir. Peu importe où ! Loin. Loin, là où les oiseaux ont des couleurs éblouissantes, où la végétation est luxuriante. Les récits de ceux qui ont vécu l'aventure, les films qui ont fait voyager, les capitaines au long cours, la gueule burinée d'Antoine qui revient des îles avec des photos d'eaux miraculeusement transparentes, la tragédie d'Éric Tabarly… Toutes les époques ont leur héros maritime.

Le premier héros qui m'a fait rêver fut le Marius de Pagnol, amoureux des îles sous le vent, qui regarde le matin les bateaux qui partent au loin et en oublie Fanny.

J'étais jeune, je devais avoir treize ou quatorze ans. Souvent, en sortant du lycée, j'allais faire un tour du côté du port de Nice. Le spectacle était nouveau chaque jour. Des hommes allaient, venaient, chargeaient et déchargeaient les marchandises les plus diverses. Tout cela donnait des saveurs inconnues qui grisaient le cerveau du jeune garçon que j'étais. Ce fut sans réflexion aucune que j'empruntai ce jour-là la passerelle du bateau. Il s'appelait *Les Antilles.* Vu du quai, il paraissait gigantesque. L'équipage devait être au repos, ou bien sorti en ville. Comme par magie, je me trouvai à bord sans avoir croisé âme qui vive. Du haut du pont, la vue était superbe. Les maisons de couleur rose Toscane semblaient sortir d'un jeu pour enfant, serrées les unes contre les autres. Je demeurai là longtemps puis je m'assis. Mon imagination se mit à galoper. Et si le bateau s'en allait sans prévenir et repartait vers les Antilles ! On me découvrirait longtemps après que la terre eut disparu à l'horizon.

— Qu'est-ce que tu fais là, mon petit ?

— Je vais vers les îles, monsieur.

Le rêve prenait sa dimension, il n'y avait pas de doute. L'équipage m'avait adopté, on n'allait tout de même pas me jeter à l'eau ! Brusquement, j'entendis une voix, réelle celle-là :

— Hé, petit ! Faut pas rester là ! Allez, descends tout de suite !

Autour de moi des hommes discutaient : comment est-il monté à bord ? Pourquoi est-il ici ? Le rêve avait été beau, je ne regrettais rien. J'avais vécu un beau voyage à bord des *Antilles*.

Lorsque j'arrivai chez moi, mes parents, inquiets de mon retard, ne comprirent pas que mes poches fussent remplies de cacahuètes. La rançon de mon voyage.

— Où as-tu trouvé tout cela ?...

— Allez, vite, à table ! cria mon père.

Les horaires des repas devaient être scrupuleusement respectés. La soupe était servie, le colin bouilli avait son goût habituel, les jours seraient donc de nouveau identiques. Les Antilles redevenaient inaccessibles.

Un mot pour achever ces souvenirs :

Je ne regrette rien.

Ma vie fut belle.

Le maître mot qui a guidé mon existence : « par rapport à ». Essayez d'appliquer cette maxime à votre propre cas. Par rapport à tous ceux qui souffrent, vous n'êtes pas malheureux !

Une dernière recommandation.

Lorsque j'étais jeune, toutes sortes de complexes envahissaient ma vie. Normal ! Sur le plan physique, j'étais maigre à faire peur : 54 kilos pour 1,77 mètre. Quant à mon métier, alors que la comédie attendait en coulisses, je vendais du tissu à des petits commerçants qui pleuraient en évoquant la crise. Déjà !

Lorsque enfin ma personnalité s'affirma peu à peu, après que RMC m'eut permis de m'exprimer, mon poids devint plus normal : 72 kilos.

À ce moment de ma vie, mes complexes s'estompèrent. Et, un jour, j'eus honte de ma signature qui reflétait le garçon que je n'étais plus.

Je me suis rendu à ma banque et j'ai demandé à changer de signature. Celle-ci, où mon nom était enfermé dans une sorte de triangle, s'est, ce jour-là, émancipée. Ma nouvelle signature me prouvait que j'étais devenu un homme.

Avant

Maintenant

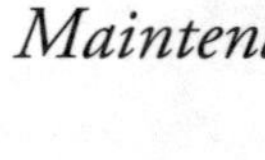

Cet ouvrage a été composé
par Soft Office (Isère)

Impression réalisée par

PRÉSENCE GRAPHIQUE

en février 2014
pour le compte des Éditions de l'Archipel,
département éditorial
de la S.A.S. Écriture-Communication.

Imprimé en France
N° d'impression : 031447497
Dépôt légal : mars 2014